吴昌硕评传
Biography on Wu Changshuo

廖上飞 著
By Liao Shangfei

辽宁美术出版社
Liaoning Fine Arts Publishing House

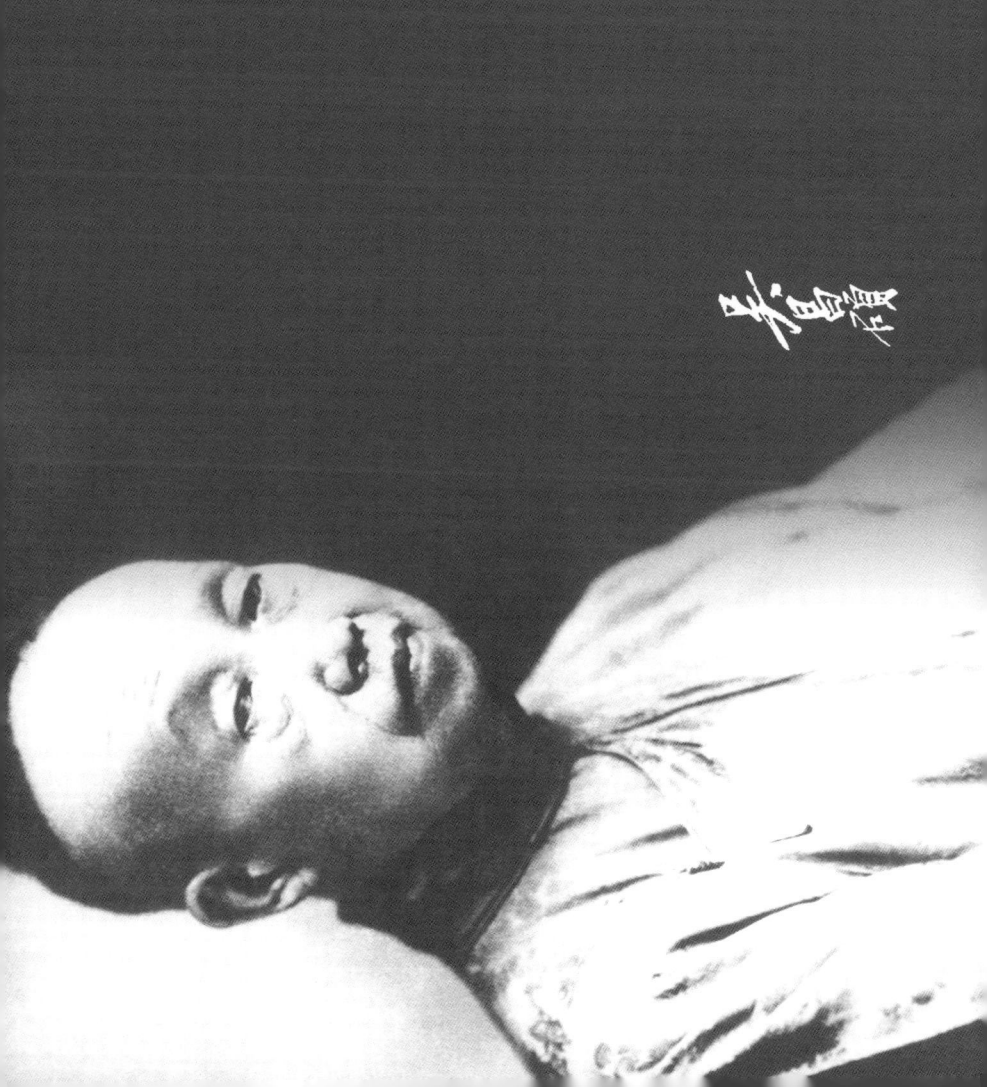

目录 Contents

弁言
Preface

生平
Brief Account of Wu Changshuo's Life

- 12 出生 \ Birth of the Child
- 16 家教 \ Family Upbringing
- 18 上学 \ Schooling
- 20 天灾人祸 \ Misfortunes
- 24 芜园 \ Life in Wu Garden
- 29 中秀才 \ Initial Success in Imperial Examination
- 32 成家 \ Getting Married
- 36 走出芜园 \ Departing from Wu Garden
- 39 做司账 \ Working as an Accounting Practitioner
- 42 拜师 \ Getting Tutoring by a Master
- 44 游历嘉兴和扬州 \ Tours in Jiaxing and Yangzhou
- 47 寓居苏州 \ Stay in Suzhou
- 53 结识蒲华 \ Making Friends with Pu Hua
- 58 结识任颐 \ Making Friends with Ren Yi
- 63 做小吏 \ Starting a Career as a Petty Official
- 66 抗日 \ Individual Endeavor in Sino Japanese War in 1894
- 70 做县令 \ Taking Office as a County Magistrate
- 74 出任西泠印社社长 \ Leading the Xiling Seal Art Society as the First President
- 78 寓居上海 \ Living in Shanghai

82	誉满天下 \	Enjoying Nationwide Reputation
84	润格与代作 \	Payment Standard for Writings or Pictures and Substitute for another to Write or Paint
89	长眠超山 \	Silent Repose in Chaoshan Mount

艺术成就
Artistic Achievements

100	篆刻第一 \	Superexcellent Seal Carving
109	书法第二 \	Supereminent Calligraphy
120	花卉第三 \	Remarkable Floral Painting
159	诗文成就 \	Outstanding Literary Creation

后世评价
Comments from Later Generations

178	金石巨匠 \	Giant in Arts of Seal Carving, Calligraphy and Painting
182	一代宗师 \	Grand Master

结语
Epilogue

吴昌硕年谱
Chronicle of Wu's Life

参考文献
References

图一
墨梅图
纸本水墨
152.5cm×41cm
吴昌硕
1926年

吴昌硕酷爱梅花,种梅、赏梅、画梅无数,并以梅自喻。他如一株铁骨墨梅,不畏严寒,傲然独立。寒梅傲霜雪,有"冰心铁骨绝世姿"(吴昌硕《〈十二洞天梅花册之十〉题诗》)。这株墨梅冷峻高洁、古逸苍冷,可谓吴昌硕的写照。

弁言 Preface

一

世人对成功的追求理所当然，可没有人能随随便便成功。

俄国大文豪列夫·尼古拉耶维奇·托尔斯泰有句广为人知的话："幸福的家庭都一样，不幸的家庭各有各的不幸。"我曾模仿他的话写过一句话："成功的因素都一样，导致一个人失败的因素各不相同。"

成功的因素无非这些：聪敏、专注、踏实、刻苦、勤奋……

成功非常难，失败不可避免，所以往往成功比失败要少。

二

我想人们更多是通过吴昌硕的成功认识吴昌硕的，而不是通过他的人生经历和作品。

今天，成功似乎成了衡量一个人的存在价值的唯一标准。

今天，似乎绝大多数人在成功的招引下奔走。

然而，虽说一个人的成功会受外部环境的影响、制约，但根本上取决于其内在品质。

冰心写得真好：

成功的花，
人们只惊慕她现时的明艳！
然而当初她的芽儿，
浸透了奋斗的泪泉，
洒遍了牺牲的血雨。

三

吴昌硕，一位儒者，近代艺术史中的一座高峰，人称金石大写意一代宗师、海派巨匠。

这朵明艳的成功的花到底浸透了多少奋斗的泪泉，洒遍了多少牺牲的血雨呢？

了解吴昌硕的人生经历，直面其作品，人们会认识一个有人格魅力的朋友。

淳朴、耿直、善良、多情、谦卑、自强、努力……皆是吴昌硕所具有的品质。

吴昌硕受过多人影响——他早年模仿、学习过许多人，但属于他自己的古拙刚健的艺术风格，从根本上讲是其人格促成的。

印如其人，书如其人，画如其人，诗亦如其人。

生平
Brief Account of Wu Changshuo's Life

出生
Birth of the Child

> 山不在高,有仙则名。水不在深,有龙则灵。
>
> ——〔唐〕刘禹锡

鄣吴村虽是偏僻小山村,但历史悠久。

沧海桑田,这片土地上发生过许多鲜为人知的事。

俗话说:一方水土养一方人。鄣吴村依山傍水、风景秀丽,远离各种纷扰,是居住的好地方。

村后是巍峨的金华山,竹林密布,如一道屏风。村前是险峻的玉华山,怪石嶙峋,颇有景致。村边有一条小河,人称苕溪,又名金鸡溪,据说源自浙北最高峰天目山。

清代诗人王显承的《竹枝词》是鄣吴村的真实写照:

行到吴村香雨亭,

柳丝斜拂酒旗青。

玉华金华双峰峙,

流水落花出晚汀。

一溪两岸,延亘着十余里的柳树林,房屋大多掩映其间。由于高山、密林之故,鄣吴村日照较少,所以人称"半日村"。

中国历史悠久,地名、州县互相归属变化大。鄣吴村在1488年(明孝宗弘治元年)前由安吉县管辖,属鱼池乡。1488年后,官府将孝丰从安吉县划出,另设孝丰县,鄣吴村随即归孝丰县管辖。这个村子的村民并非土著,是从其他地方迁来的,大部分是吴姓。

据说村里最初还有麻姓,但要么衰落,要么迁走,现在只有吴姓

图二 半日村 吴昌硕 1914年

人家。

相传,吴氏祖先是在南宋高宗南渡时迁到此地的。

1127年,北宋灭亡,宋徽宗第九子赵构(1107—1187)在应天府南京称帝,后迁都临安,建立了南宋。南宋建立之初,金军多次南侵。为躲避战火,中原人纷纷逃往江南。当时,人称"十九公"的吴瑾为躲避战乱,也携家人南迁,从原住地江苏淮安迁至鄣吴村。

吴瑾被视为鄣吴吴氏祖宗。

鄣吴吴氏家族自迁居鄣吴村起,经数代人努力,成为当地的名门望族。

明嘉靖年间(1522—1566),鄣吴村出了破天荒的喜事。吴瑾的九、十世孙吴龙、吴麟、吴维岳、吴维京相继中进士,吴维岳官至尚书。一时间,"父子叔侄四进士"传为佳话。吴氏自此成为孝丰乃至湖州的望族。吴氏四进士在朝为官及衣锦归乡的数十年间,鄣吴村空前繁荣。在后世子孙中留下许多关于"吴天官"的传说。据说吴氏父子在村中兴修水利,筑"千金坝"将河水引入庭院,村庄布局合理,环境优美,富有浓厚的文化气息。鄣吴村的规模和声望从此超过了孝丰县城,于是"小小孝丰城,大大鄣吴村"的歌谣流传四乡。

图三 归仁里民 吴昌硕 1882年

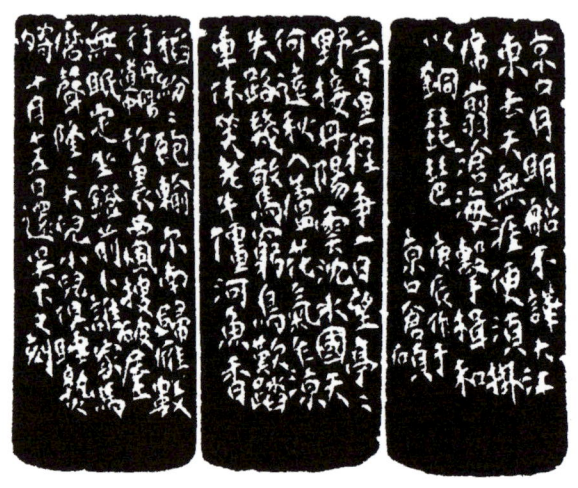

图四

安吉吴俊章　吴昌硕　1880年

图五

安吉吴俊章　吴昌硕　1885年

古人云：人杰地灵。鄣吴村也是因名人生辉。

1844年9月12日（清道光二十四年八月初一），鄣吴村的吴辛甲（1821—1868）夫人生下一子。由于相貌清秀好看，取名为"俊"。

吴辛甲是读书人，深知取名的重要性。

俊者，既可取"俊秀"之意，亦可取"俊杰"之意，无论希望儿子越长越俊，还是期望其将来才智出众，皆是父母对孩子的美好寄托和期许。

注：鸦片战争

19世纪20年代中期以前，在中外贸易中，贸易顺差严重地偏向中国一边。为扭转贸易逆差，外国商人从广州等沿海地区向中国输入鸦片。鸦片走私贸易的始作俑者是英国的东印度公司。鸦片的不断输入带来了诸多后果，于是清朝皇帝多次谕令官员前往查禁。林则徐（1785—1850）是强力禁烟的典型，他在一份奏疏中警告说，若鸦片不予禁绝，数十年后中国将无可以御敌之兵，且无可以充饷之银。而在禁烟行动与鸦片走私行为的长时间博弈过程中，中英矛盾加剧、升级，最终激化，1840年爆发战争。由于诸多深层次的原因，战争以中国失败告终。1842年8月29日，清廷被迫签订不平等条约（中英）《南京条约》。自此，中国沦为半封建半殖民地国家。用徐中约（1923—2005）的话说，"鸦片战争是中国人民受屈辱的一个世纪的开始""从19世纪中期开始，中国历史主要是连续不断的国耻纪录"。

鸦片战争是中国近代史的开端。

青，取之于蓝，而青于蓝；冰，水为之，而寒于水。

——〔战国〕荀子

性格虽具有可塑性，但一个人起初的品性来自遗传。

刚出生的孩子固然看不出性格倾向，但性情可以略知一些。

吴俊不光相貌清秀，性情也很温和。

吴家在郘吴村是书香世家。

吴俊的父亲吴辛甲（号周史、如川）为清咸丰元年辛亥（1851）恩科举人，截取知县。母亲万氏为例贡生议叙八品顶戴万人杰女。大伯父吴开甲（号春孚）为清道光十一年辛卯（1831）科副贡，曾署理江西建昌府。二伯父吴逢甲（号韵江），九品衔。祖父吴渊（原名应保，字和甫，号目山），为清嘉庆戊午（1798）科举人，截取知县，曾任嘉兴府海盐县教谕和孝丰古桃书院山长，著有《天目山房诗稿》。曾祖吴芳南（号涵芬）、高曾祖吴树垣均为国学生。

在吴家所有成员中，数父亲对吴俊的影响大。

吴辛甲虽有"截取知县"的资格，但淡泊名利，无意仕途，一直赋闲在家，过着田园牧歌式的生活。他写有这样的诗句：

故乡有金麓，结庐聊可谋。披图一览兮，愿倒骑驴背而从游。

吴辛甲是诗人，著有《半日村诗稿》，人们可以通过他的诗了解到其志趣。

在乱世，宁当平民不做官。如出山前的诸葛亮（181—234），"臣本布衣，躬耕于南阳，苟全性命于乱世，不求闻达于诸侯"（《出师表》）。

和许多文人一样，吴辛甲也是"隐居以求其志"（《论语》）。他寄情山水，寄情诗文和金石学。

耕读，这是身处乱世的文人的共同志趣。然而，难言之隐几人知？

由于吴辛甲淡泊名利，家道自然清贫。所以，吴俊虽生在书香世家,却长在清贫之家。

不知是遗传的原因,还是天性使然,吴俊的性情酷似父亲,与其他孩子迥异。

小孩大多好动、贪玩,但吴俊天性好静,酷爱刻印。家里没有可供他用的刻刀、印石,他便以铁钉代刀,以残砖断瓦为印石,刻过的砖瓦堆积成小山。倘若得到一块印石便如获至宝,刻了磨掉,磨好又刻,反复练习。有一次,刻印时用力过大,戳伤了左手无名指,因村子里没有医生能医治以致烂去一截,从此以后没生指甲,成为"秃指"。

在同伴的印象中,吴俊是个"印迷",经常独自磨刻。由于身材瘦弱、性格腼腆,大家都喊他"乡阿姐"。"乡阿姐"随即成了他的小名。

就人的成长讲,家庭是第一所学校,父母是孩子最早的老师。可以说,家教会决定一个人一生的品性。吴俊生在书香门第,家庭对他的影响可想而知。

有孩子模仿大人抽烟,有孩子模仿大人说脏话,也有孩子模仿大人丢垃圾,而吴俊模仿他的父亲治印。吴辛甲知道,自己的行为和喜好会影响儿子。但他万万没有想到,许多年后自己的儿子在很多方面都远远超过了他,不止在治印方面,包括诗文、书画。吴俊是"青出于蓝而胜于蓝"。

图六　小名乡阿姐　吴昌硕　1915年

> 十年磨一剑，霜刃未曾试。
>
> ——〔唐〕贾岛

吴俊4岁开始在父亲的指导下识字，7岁入吴氏家塾——"溪南静室"读书。在入家塾前已能做骈文，所以他在家塾的学习相对比较轻松。

溪南静室位于村南亭子山下，是明代教育家吴松创建的吴氏义塾，"吴氏子弟，不论贫富，皆可入学"，其有数百年的历史，"吴氏四进士"曾就读于此，在村子里很有名。

在溪南静室接受短暂的启蒙教育过后，吴俊9岁到邻村私塾继续读书。

《三字经》《百家姓》《千字文》《神童诗》《千家诗》《诗经》、"四书"（《论语》《中庸》《大学》《孟子》）是那个时代家塾、私塾普遍采用的教材。具体教的内容因先生不同而不同：有些先生先教《诗经》，《诗经》教完后教"四书"；有些先生先教《三字经》《百家姓》《千字文》《神童诗》《千家诗》，然后教"四书"。学生跟着先生"读书"。先生站着，学生坐着，先生先读，学生循声仿读，重复数次后，学生便自行高声朗读起来。"读书"之外，还要"习字"和"对课"。习字就是学写字，先用"描红法"，后"摹写"，再"临写"；对课就是学造句，一字到四字不等，先生出上联，学生对下联，要求名词对名词，动词对动词，讲究对偶、对仗。吴俊的书法和诗文基础就是在塾中打下的。

私塾离家很远，每次上学要赶十多里路，但他风雨无阻，从不间断。

在私塾读书，他既增长了学识，也培养了毅力。

读书之余，要么放牛，要么随父亲下地干活，要么刻印。

13岁时除了学习经史和诗词，他还在父亲的指导下正式开始学习篆刻。

学而优则仕。参加科举考试是读书人出人头地的唯一通道。

吴辛甲看儿子学业有成,便让他到孝丰县报名参加科举考试。然而,在一切考试手续办妥,快要考试的时候,太平军攻占杭州,湖州告急,人心惶惶,学台大人逃之夭夭。各地赶来的考生只好回家,再等考试机会。吴俊错过了第一次科考。

倘若这次科考顺利且成功,吴俊的人生可能比想象中要平顺得多。然而,人生没有假设。"不是一番寒彻骨,争得梅花扑鼻香。"(黄檗)

注:太平天国运动

1851年1月11日(清道光三十年十二月初十),洪秀全(1814—1864)创立、领导的拜上帝会在广西金田村正式对外宣布发动推翻清王朝的革命性运动,建国号"太平天国"。太平天国革命从1851年一直持续到1864年,席卷了16个省份,摧毁了600多座城镇,最终被清廷镇压。尽管失败,但其对清王朝的冲击是巨大的,"它几乎推翻了清王朝"(徐中约)。对于清王朝而言,太平天国革命是最大的内忧。在太平天国与清王朝对峙(太平军与清军多次交战)期间,英法联军发动了第二次鸦片战争(1856—1860)——清廷被迫与英、法、俄、美四国分别签订《天津条约》,与英、法、俄分别签订《北京条约》,其中俄国以调停者的身份胁迫清廷割让150多万平方公里的领土。在内忧和外患的双重夹击下,清王朝江河日下。战火纷飞,官员腐败,民不聊生,中国已积贫积弱到了极点。生存还是毁灭?这是个问题。

天灾人祸
Misfortunes

> 白骨露于野，千里无鸡鸣。生民百遗一，念之断人肠。
>
> ——〔东汉〕曹操

1860年（清咸丰十年）是极不平静的一年。

这一年，英法联军扩大侵华战争，天津、北京等地相继被占领、控制，举世瞩目的圆明园遭洗劫、焚毁，清廷先后被迫签订丧权辱国的《中英北京条约》和《中法北京条约》。

这一年，沙俄悍然出兵占领东北重要港口海参崴，清廷被迫签订丧权辱国的《中俄北京条约》，将包括海参崴在内的乌苏里江以东地域割让给俄国。

这一年，太平军多次与曾国藩统领的湘军交战。

……

对于清廷，可谓内忧外患。

然而，比起忙于赔款、割地的清廷官员，受苦受难的是老百姓。各地炮火连天，可怜焦土，百姓流离失所，加上闹瘟疫、饥荒，物资短缺，死的人甚多。

郭吴村也成了焦土。

面对天灾人祸，郭吴村村民仓皇出逃，死的死了，活下的沦为流民，流落他乡。

为躲避兵家的抓捕，吴俊和父亲不得不经常躲入深山或流落到其他村子。

父子俩有家归不得，长期背井离乡，足迹遍至浙江、安徽、湖北一带。

流亡途中，他和父亲不幸被乱兵冲散，只得独自流落他乡。他曾在距郭吴村十多里的迁迢村的石仓坞饿得气息奄奄，幸亏当地丁、施两家周济，才得以渡过生死关头。流亡期间，他打杂工，帮人耕地，经常露宿荒野，时常以野果、草根等充饥。由于长期缺食食盐，致使全身乏力、四肢浮肿，差点送命，在一位老农的救助下才脱离危险，活了下来。

流亡得经受生存之苦和思乡之苦，但性命因此保住。

吴俊流亡了近5年。5年间，家里人很少有他和父亲的音讯，他也很少有家乡的消息。

1864年（清同治三年），吴俊终于找到了父亲。当时，太平军撤出安吉、孝丰地区。他便同父亲一起回到家乡。然而，鄣吴村经瘟疫、灾荒、战争过后已面目全非。原本风景秀丽的家乡已是满目凄凉。原有4000多人口的吴氏一族，只有25人幸存下来。而吴俊一家，祖母严氏、母亲万氏、弟弟祥卿、妹妹（佚名）、未婚妻章氏都死于天灾人祸。

亲人大都遇难，吴俊和父亲悲痛欲绝。

然而，悲痛归悲痛，仍要活下去。

《庚辛纪事》云：

遍地戈矛起，于今竟莫逃。
涂争界牌出，营指石岐高。
昏黑见烽火，腥红认战袍。
邻封沦陷尽，谁与建旌旄。

乡愚明大义，宁死不虚生。
贼势如焚火，民心亦背城。
持将钱镈器，御此虎狼兵。
杀气腾昏晓，隆隆战鼓声。

百里陈云开，长驱大队来。
红巾挥战纛，白日蔽尘埃。
一炬尽焦土，几家沉劫灰。
何方堪避地，有路是泉台。

荒窜入穷谷，终年隐姓名。

潜身疑有术，御贼苦无兵。
遍地惊烽燧，凭天断死生。
古来同历劫，敢作不平鸣。

夜贼何方至，逢人但举刀。
哭声殷风雨，乱走剧波涛。
入谷愁无路，攀崖恐未高。
桃源更何处，僵卧且蓬蒿。

风雪草堂低，嗷嗷倍苦凄。
有家若悬磬，纵饭亦充泥。
颜色惨疑鬼，藩篱触类羝。
空山鲜薇蕨，何处着夷齐。

苍生频履难，造物岂无因。
异病来灾疹，全身信鬼神。
招魂哀弱弟，埋骨痛慈亲。
独子谁怜恤，依依向四邻。

五载离乡县，逢人失故吾。
道旁尸偃仰，草际血模糊。
月黑野狐出，天阴怨鬼呼。
西风满怀泪，惨惨听啼乌。

骨肉余生几，追随父与儿。
流离真琐尾，徼幸出艰危。
弓冶延薪泽，杯棬动旧悲。
残书三五尺，喜下仲舒帷。

痛定还思痛，嗟予敢晏安。

青毡犹坐守,黄卷未抛残。

梦里无家别,生前行路难。

吟诗多苦调,泪洒北风酸。

瘟疫、饥荒、战乱……人们经常谈论这些,有多少人亲历过呢?难以想象,对于一个十几岁的少年,这一切多么令其恐惧和心碎。这是真真切切的生死体验。

> 天将降大任于斯人也,必先苦其心志,劳其筋骨,饿其体肤,空乏其身,行拂乱其所为,所以动心忍性,曾益其所不能。
>
> ——〔战国〕孟子

回到家乡后,吴俊和父亲相依为命。

1865年,吴辛甲经人介绍续娶晓墅村杨氏为妻,重建了一个完整的家庭。

满目凄凉的鄣吴村已不再是居住的理想地,那可以说是一个令人心碎的地方。

吴辛甲决定搬迁。

这一年,吴俊怀着依依难舍的心情,与父亲、继母一起移居三十余里外的安吉城中。

安吉城没比鄣吴村好多少,同样遭遇过天灾人祸,可毕竟是一个让人多少有憧憬的新天地。

一家三口在安吉城中的生活并不容易。

对于吴俊,生存之苦和思乡之苦并未少多少。《〈芜园图〉自题》中有:

寂寞山城隅,地偏荆榛长。
赤手把长镵,种竹开茅堂。
念昔归仁里,高曾兹允臧。
沧桑人世殊,三径久已荒。
卜居桃城中,未殊居故乡。
故乡虽未远,易地亦忧伤。
邱垄忽不见,四山云茫茫。

吴俊和父亲在安吉城中桃花渡附近开垦了半亩多荒地,搭建了几间茅屋,一家三口便开始了清苦的日子。吴俊将开垦过后的荒地称为"芜园",将几间茅屋称为"篆云楼",给自己的书斋取名"朴巢"。他和父亲过起不再是田园牧歌式的耕读生活。

图七
芜园图
纸本水墨
76.5cm×33.5cm
吴昌硕
1892年

起初清苦，但在一家人的用心经营下，日子倒也越来越好。

在芜园，吴俊收拾残书，开始继续学习。由于家中书籍很少，便设法去邻近有书人家借书来读，有时为了借一部书，来回步行数十里。他对借来的书总是反复研读，边读边做笔记，甚至将全卷书抄录下来。他对古籍非常感兴趣。

除了读书，他还在父亲的指导下继续学习篆刻，继续学书、习诗。

在芜园，吴俊结识了多位与自己有共同志趣的师友，并开始学画。

他在芜园结交的师友有施浴升（字旭臣，又字紫明）、朱正初（字旭楼，号六泉居士）、钱铁梅、张行孚（字子中，号乳伯）、潘芝畦（初名喜陶，字子馀，又字紫畦，号燕池）等人。这些师友大多以诗文、学问、书画著称乡里。

由于经常在一起饮酒交谈、吟诗切磋，久而久之他们成了密友、至交。

他从施浴升、朱正初、钱铁梅、张行孚、严锡庚等人身上学到不少诗文、书法、篆刻、古董、训诂方面的知识，通过潘芝畦接触到绘画。潘芝畦时任孝丰县学官，是父亲吴辛甲的诗友，以画梅在乡里遐迩知名。

吴俊和朱正初、钱铁梅过从甚密，三人以松、竹、梅自喻，自称"岁寒三友"。

钱铁梅有诗云：

苍松修竹老梅桩，不合时宜人笑狂。
把酒芜园皆自得，岁寒三友乐无疆。

志同道合的朋友坐在一起畅谈理想，是多么美好的事情。

关于芜园，施浴升和朱正初撰写了专文。

施浴升在《芜园记》中写道：

吴子苍石，今之惇朴士也，其为人不事修饰而中情纯一。居安吉城之东北偏，有旷地数亩，辟以为园，名之曰芜园。光绪四年秋，友人浴升来主其家，盘桓于园者旬日。见夫花卉草莱乱杂并植，足迹之余皆营苇；书室之外所谓台榭陂池为园所必有者，或缺或仅有而不加饰。而吴子啸傲其中，若苋裒焉。乃喟然曰：芜之时义大矣哉！田畴以芜而存，草木以芜而生。天地以芜而万物成，人以芜而永保令名……吾见夫修礼貌、慎仪节、言道义、美文章，类皆圣贤其外，跞跜其中者也。夫至圣贤其外，跞跜其中。其心之芜实甚，乃视之固秩然可观。孰若率性而行，任天而动，不致饰于外，不内疚于中，贸乎若愚，渊乎若虚，无荣无辱，无毁无誉，与大化相周旋，以天地为蓬庐，夫然后可保吾真，而游情于太初。吴子为人，盖芜其身，而全其心者也。故不以嘉名锡是园，而氏以芜。抑又闻之，芜有丰义，草芜而丰其种，人芜而丰其德。能丰而后可大，故又有大义。大者芜之积也。不芜则不能丰，不丰则不得大，自然之理也……虽然，吴子亦慷慨士也，天下有事，方当出而展其才，非终老是园者也。然则园之芜也，殆有不能不芜者在。兹因吴子之属而记之，亦以见吾侪之寄托，固大有异乎恒情也。

施浴升一来对"芜园"这一命名发表评论，二来描述芜园景象，三来适当对吴俊进行"点拨"，四来评价吴俊为人。
朱正初在《芜园记》里对吴俊有和施浴升相似的评价：

寡言语，安简默，取与不苟，长于歌啸而金石文字之艺最精，殆芜其末而不芜其本，芜其外而不芜其中矣。

可见，吴俊在师友们的印象中是落落大方、不拘小节之人。
事实上，时间长了，芜园便不再"芜"（荒芜）。其不仅有了诗情画意，也有了浓厚的书香气息。
在不断钻研、与朋友交流、相互学习的过程中，吴俊在各方面均有了长足进步。

1871年（28岁），他从自己在芜园所刻的200多方印章中选出103方，汇编成《朴巢印存》（二册）。《朴巢印存》是吴俊的第一部作品集，"序"是好友施浴升写的。这部处女作很大意义上决定了他今后的人生道路。

中秀才
Initial Success in Imperial Examination

路曼曼其修远兮，吾将上下而求索。

——〔战国〕屈原

科举之路漫漫。

从童生考到秀才，从秀才考到举人，再从举人考到进士，是一个极其漫长也十分困难的过程。"十年寒窗，九载熬油"，但最终成不成未知。许多人不止十年、九载，而是数十年、数十载，也没中进士的份儿。大部分人连秀才也考不上，更别说中举人和进士。

然而，所有的读书人还是要去参加科举考试。因为那是他们出人头地的必要通道。对于家境贫寒的读书人而言，科举是他们改变命运的唯一出路，至少也得中个秀才。秀才虽是科举考试中最低的功名，但其是基础——是成就一番事业的敲门砖。中了秀才，见到官员就不用下跪了。当然，没有多少人是为了不给朝廷官员下跪去考秀才的。考秀才的人大都着眼于功名利禄。正如汪洙《神童诗》中所写：

天子重英豪，文章教尔曹。
万般皆下品，唯有读书高。
少小须勤学，文章可立身。
满朝朱紫贵，尽是读书人。
学向勤中得，萤窗万卷书。
三冬今足用，谁笑腹空虚？
自小多才学，平生志气高。
别人怀宝剑，我有笔如刀。
朝为田舍郎，暮登天子堂。
将相本无种，男儿当自强。
……

1865年，安吉县补考咸丰庚申（1860）科的秀才，在师友潘芝畦

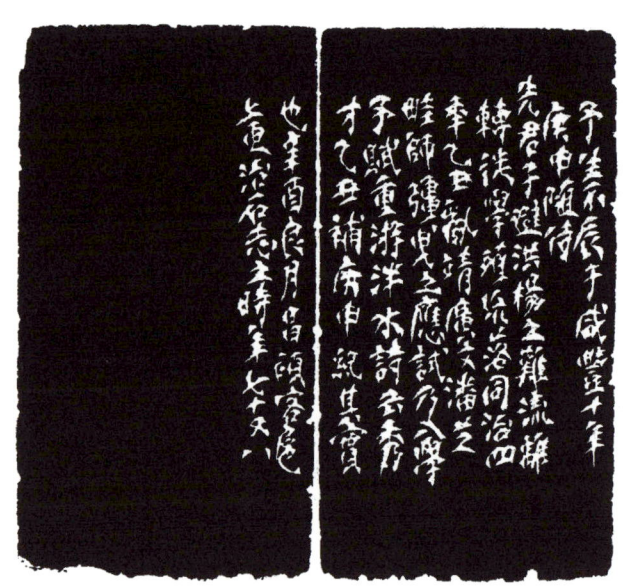

图八

同治童生咸丰秀才　吴昌硕　1921年

的再三督促下，吴俊以安吉童生的名义前往湖州参加考试，考中了秀才。从此，功名簿上的籍贯就以"安吉"入了册。他刻过一方内容为"同治童生咸丰秀才"的印以记此事。

这次科考对吴俊来说是第一次，也是最投入的一次。在此之后，他便不再执着于考取功名，而是一边耕作一边潜心于自己的艺术爱好。

人应追求功名利禄，还是应潜心于自己的艺术爱好，吴俊需要平衡这两个问题。

以身边多位师友的命运为参照，他得出的结论是：科考已不是好的人生道路、生活出路。

科举之路漫漫，人生之路更漫漫。怎可将人生之路等同于科举之路？

吴俊这时意识到，人的价值、人生的意义不一定要用科举考试的结果证明。

虽然迫于现实压力，他不得不有所妥协，但就他的内心来讲，他真正倾心的是自己的艺术爱好——篆刻、书法、绘画、诗文。

注：洋务运动

太平天国运动的冲击和列强咄咄逼人的欺压让清廷一定程度上意识到了问题的严重性。要想生存（维持现行统治或继续屹立于世界民族之林），就得有所行动。一些亲眼目睹列强坚船利炮的清朝官员主张向列强学习。主张向列强学习的官员包括奕䜣（1833—1898）、曾国藩（1811—1872）、左宗棠（1812—1885）、李鸿章（1823—1901）、张之洞（1837—1909）等人，人称洋务派。洋务派主张"师夷长技以制夷"，创办新式学堂，派遣留学生，发展近代工业……掀起了一场洋务运动。这场运动从19世纪60年代到90年代中期，持续了30余年，期间遭到守旧派的激烈反对。甲午战争中国的惨败宣告了洋务运动的失败。

成家 Getting Married

> 古之欲明明德于天下者，先治其国；欲治其国者，先齐其家；欲齐其家者，先修其身；欲修其身者，先正其心；欲正其心者，先诚其意；欲诚其意者，先致其知，致知在格物。物格而后知至，知至而后意诚，意诚而后心正，心正而后身修，身修而后家齐，家齐而后国治，国治而后天下平。

——《大学》

倘若没有天灾人祸，吴俊不出20岁便可成家。

十五六岁时，他遵照父母意愿，与过山村的姑娘章氏订婚。章氏不仅人长得漂亮，而且出身书香门第，为人亦知书达理。战争开始，章氏父母将女儿送到亲家家，以防万一。局势紧张，吴辛甲要求全家人弃家避难，但祖母和母亲坚决不肯，说："就是死也要死在家门口！"章氏主动要求留下照顾祖母和母亲，说"乱兵来时可扶她们到山中躲避，没人照顾怎么可以"。吴俊和父亲只得含泪告别亲人，原本想着躲躲就回，可没想到战乱会很久，他们在外躲避、流亡近5年。

章氏病亡于吴俊流亡期间，死时因无棺木装殓，托人草草葬于院中桂花树下。

1862年，战事稍平，吴俊归家省亲，得知未婚妻章氏已殁。

战乱结束，吴俊回到家中。他拿锄头到院中桂花树下挖寻章氏遗骸，竟没找到，因此大病一场。最后只好为未婚妻立了一块神主牌位，以供四时祭祀，同时将章氏生前衣物葬到凤麟山上，暗暗立下誓言：生不能与你同衾枕，死必与之同坟穴！

吴俊一直怀念着章氏。在他心中，章氏一直是"元配夫人"。

直到晚年，他仍通过诗文和篆刻表达对章氏的怀念之情。

1884年（清光绪十年）所作的《感梦》一诗和1909年所刻的《明月前身》便是证明。

《感梦》一诗尤可见吴俊对章氏的感情：

秋眠怀旧事，吴天不肯曙。
微响动精爽，寒叶落无数。
青枫雨冥冥，云黑月未吐。
来兮魂之灵，飘忽任烟雾。
凉风吹衣袂，徐徐展跬步。
相见不疑梦，旧时此荆布。
别来千万语，含意苦难诉。
我昔避贼难，从父止皇路。
奉母赖汝贤，山野同去住。
壬戌贼东下，我归三月暮。
墙屋一无恙，旧物云烟付。
劫火烧不尽，中庭桂之树。
我母为我言，是汝葬身处。
汝死未及旬，当时记不误。
贼平奉父归，甲子中秋度。
乱后百事废，埋骨先所务。
携锄辟榛荟，形迹了无遇。
泪下声复吞，裴回空四顾。
仓皇远来意，知汝怜我固。
慰汝一言在，吾身困犹故。
后匹菱湖施，家计颇吾助。
大儿年十二，作诗渐成句。
次儿九岁强，弄笔满天趣。
儿虽非母出，母汝汝当护。
汝言我长佩，汝德我长慕。
他年招魂葬，同穴傍祖墓。
黄泉无自悲，百岁犹旦暮。

"明月前身"印侧刻有章氏夫人的像。"边款"为"己酉春仲。

图九

明月前身　吴昌硕　1909年

客吴下。老缶年六十有六。元配章夫人梦中示形。刻此作造像观。老缶记。"

章氏去世后，吴俊一直沉浸在忧伤中。

在芜园结识的多位师友的影响、开导下，他才慢慢摆脱了忧伤。1872年，吴俊29岁。经好友施浴升介绍，他和施氏姑娘喜结连理。施氏姑娘名酒，字季仙，湖州菱湖镇人。由于门第出身好，眼光颇高，所以也是晚婚一族。施酒的父亲施绶是当地有名的贡生，善诗文，在安吉县县衙里做幕僚，与施浴升交往甚好。通过施浴升，施绶了解了吴俊的才能和人品。施绶非常赏识吴俊的才能和人品。所以，尽管当时的吴俊家境贫寒，施绶还是毅然将女儿许配于他。

施夫人性情温和，为人朴实善良。她非常支持吴俊的爱好和追求。

吴俊和施夫人育有三子一女。

长子吴育，字半仓；次子吴涵，字子茹，号臧龛、臧堪；三子吴迈，字东迈；女儿吴丹姮，字次蟾。

人们常说，成功的男人背后都有一个温柔贤惠的女人。

人们也常说，家庭是一个人成功的坚强后盾。

吴俊的奋斗离不开家庭这一坚强后盾，尤其离不开施酒的支持。

图十　施酒　吴昌硕

图十一　季仙　吴昌硕　1885年

> 吾十有五而志于学，三十而立，四十而不惑，五十而知天命，六十而耳顺，七十而从心所欲，不逾矩。
>
> ——〔春秋〕孔子

1868年，吴辛甲病逝，葬于鄣吴村缪家坞。

以前家里的大小事务都是父亲做主。父亲的去世让吴俊感受到了当家的压力。他一来得考虑挑起家庭重担，二来要考虑立业问题。

成家立业。虽然勤学苦练十几年，但他依然感觉自己一事无成。

"天行健，君子以自强不息。"（《周易》）

在芜园生活的这几年，他时不时想：难道自己真要在芜园过一辈子？

面对乡里一些人时不时的嘲讽，他的心情不能平静。

是在芜园度过一生还是出去闯荡世界、寻找人生新的可能性，已近而立之年的吴俊需要做出抉择。几经辗转反侧，他决定出去闯荡一番。一来谋求生计，二来寻师访友。

父亲去世后，他乘船南下，前往杭州西子湖畔孤山脚下的"诂经精舍"。

诂经精舍是一所著名书院，由阮元（1764—1849）于1801年（清嘉庆六年）正式创建。

诂经精舍可以说是浙江全省最高学府，由俞樾（1821—1907）主持。

俞樾，字荫甫，自号曲园居士，浙江德清人，是著名学者、经学大师。他与李鸿章是同年进士，受到曾国藩的极力推重，名气很大。东南各省的读书人大多前来向他求教，拜他为师的人不计其数。

吴俊十分仰慕俞樾的学识，便向他学习金石训诂、诗词及书法。

比起芜园，诂经精舍无疑是一个更好、更高的平台。不仅老师好，在这里新结识的朋友也个个是文化名流。

图十二

俞樾私印

吴昌硕

边款：曲园夫子大人诲正。门生吴俊卿谨刻。

诂经精舍近一年的学习让吴俊收获颇丰。回乡后，他便以教私塾和替人代笔为生，人称"芗圃先生"。

几年后（1873），他再度前往诂经精舍学习，历时一年多。

两次到诂经精舍学习的经历让吴俊走出去的想法更为坚定。此时他意识到，走出去，方有成功的可能。从此他外出寻访师友，开始了漫长的游学生涯。

1879年，吴俊又前往杭州，他拿新编的《篆云轩印存》向俞樾求教，俞樾欣然署端并题辞：

昔李阳冰称："篆刻之法有四：功侔造化，冥受鬼神，谓之神；笔墨之外得微妙法谓之奇；艺精于一，规矩方圆谓之工；繁简相参，布置不紊谓之巧。"夫神一字固未易言，若吴子所刻殆兼奇工巧三字而有之者乎？！

俞樾肯定的评价让吴俊甚感激动，从此他愈发勤奋，并且变得更加自信。

做司账

Working as an Accounting Practitioner

"读万卷书,行万里路",二者不可偏废。

——〔清〕钱泳

说是游学,其实是迫于生计。

上有老下有小,吴俊不得不去外地谋生。

不过,幸运的是,辗转谋生途中,每每结识的人、交到的朋友都给予他很大帮助。一系列出人意料的经历(有时甚至是偶遇)对他非常有益。

"涉世愈深,其性愈浅",但吴俊淳朴耿直的天性并没有因阅历的增加而改变,他对生活、人生、艺术的理解更为深刻。

在父亲去世后的第一次游历中,吴俊的足迹尚不出浙北的湖州、杭州、嘉兴三地。1872年再次出游,则走得更远,除了辗转于湖州、杭州、嘉兴间,他还前往苏州、扬州、上海。

施酒家在湖州菱湖镇。吴俊1872年和施酒结婚后常在岳家小住。在岳家小住期间不仅和施酒的弟弟施为(1848—1904,字振甫,号石墨)过从甚密,还结识了金石、篆刻大家吴山(?—1892,字瘦绿,号铁隐,别号十二峰人)。

游学湖州期间,吴俊一边寻师访友,一边帮人做事维持生计。一开始是做司账。

最早是在颜文采家做司账。颜文采是安吉著名贡生,早年在鄩吴设过教馆,学识渊博,善鉴藏,吴大澂(1835—1902)出其门下。

管账之余,吴俊帮颜文采整理收藏,有幸见到很多珍贵藏品。颜文采对吴俊颇为关爱,常带他出游,介绍认识了湖州当时的名家陆心源(1834—1894)、丁葆元、杨岘(1819—1896)等。

1875年,吴俊经颜文采介绍,又前往湖州陆心源家做司帐。

陆心源,字刚甫、刚父,号存斋,晚号潜园老人,浙江归安人。他是咸丰年间举人,曾任福建盐运使,常与同乡姚宗堪、戴望(子高)、施补华、俞劲叔、王竹侣、凌霞研习学问,有"苕上

 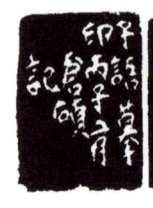 

图十三　道在瓦甓　吴昌硕　1876年

七才子"之称。

陆心源平时喜欢收集古书和汉晋砖瓦,家中文物非常多:藏有宋版书两百部,收集汉晋砖瓦上千块。他将老宅原本的藏书楼分为两处,一处名"皕宋楼",专藏宋版书,另一处名"十万卷楼",藏明以后刻本,并在自家花园特筑一亭,取名"千甓亭"。

陆家花园很像芜园,人称"潜园",是文人骚客聚会的场所,不过要豪华很多。

吴俊和陆心源都嗜好金石,算是同道中人。

当时陆心源在编写《千甓亭古砖图录》,新来的账房先生成了好帮手。

吴俊与陆心源一同整理、搬运、摹拓汉晋古砖。

这是他有生以来第一次看到大量汉晋古砖。

对于从小就喜欢在残砖断瓦上磨刻的吴俊来说,这是非常难得的大开眼界的机会。

汉晋古砖古拙、斑驳、大气的纹饰与线条,以及苍莽的意境,着实给了他强烈的视觉、心灵震撼。这次偶然的经历让他意识到,以后应多钻研古老的金石并向之学习。

陆心源十分钦佩吴俊的人品和学识,还让他做自己儿子的家教。

帮陆心源整理汉晋古砖的日子,吴俊非常兴奋,刻下一方内容为"道在瓦甓"的印章。

潜园有许多美景,但更吸引吴俊的是人文氛围。像"苕上七才子"中的凌霞、施补华,都是潜园的常客。凌霞、施补华、丁葆元、李仲廉、徐凤衔和陆心源合称"潜园六才子"。加上后来的杨岘，有"潜园七子"之称。

在潜园，吴俊得以有机会向诸名家学习。他随施补华学习诗文、经史、辞章，向杨岘请教书法和诗文。

拜师

> 三人行,必有我师焉。择其善者而从之,其不善者而改之。
>
> ——〔春秋〕孔子

吴俊是在潜园结识杨岘的。在吴俊做陆家司帐的一年多时间里,杨岘时常和陆心源、凌霞等人于潜园饮酒吟诗。经陆心源介绍,吴俊与杨岘相识。由于意气相投,他们很快成了好朋友。

杨岘,字季仇,一字见山,号庸斋,晚号藐翁,浙江归安人。他是咸丰年间举人,擅长篆书和诗文,曾任江苏常州府知府,因得罪上司被罢官。有人对他讲:"当今之世,唯类是趋,你寄人篱下,不该藐视上官。"他却回答:"人贵有志,我绝不为五斗米折腰。"罢官后自号"藐翁"。可见他非常有骨气。

吴俊十分敬仰杨岘的人品和学识,心生拜师的念头。

1880年,吴俊前往苏州。此时杨岘正寓居于苏州城内的葑溪。

吴俊选了个好日子,前去拜师。

他那天很讲究,着短褂长衫,神态庄重。

杨岘见他一进门便拱手长揖,有单膝下跪之意,便知其来意。他拉住吴俊的胳膊说:"你看我这样子,哪像当先生的?"吴俊见杨岘衣衫不整,头发蓬乱,脚上的鞋也是反拖着的,两人不禁相视大笑起来。吴俊在《迟鸿轩呈藐翁先生》中写道:

奇文诸子笔,余事八分书。

迎客屐倒着,说诗头懒梳。

拜师未成,吴俊不甘心。

几天后,他用非常工整的楷书给杨岘写了一封信,在信中请求杨岘收他为徒。吴俊拜师的诚意让杨岘非常感动。但杨岘仍拒绝称师,表示今后可以兄弟相称,切磋艺事、相互学习。他在回信中写道:"来函敬悉。如此称谓未免太俗。拟仿从前沈仲复与藐订交之例。彼此赠物,即俗间之换帖也。犬马齿差长,藐僭称兄,君即吾弟。师生尊而不亲,弟兄则尤亲矣。一言为定,白首如新。"吴俊进一步见识了杨岘不随波逐流的个性。杨岘拒绝称师的做法其实展示了他的独立人格。自此,吴俊和杨岘情同手足。杨岘寓所的庭院中有一棵高大的玉兰树。花开时节,吴俊常常流连树下。一天清晨,杨岘趁着朝露折下一枝玉兰花,亲自送往吴俊寓所。可见两人交情。

同在苏州时,两人经常切磋艺事、相互学习。杨岘的书法人称"八分书",七分是隶,三分像篆,古拙遒劲,对吴俊有深刻影响。不在一起时,他们书信往来亦十分频繁。

杨岘可以说是吴俊结交到的一位诤友。他们两人的通信很多是探讨诗文和书法的。在一封信中,杨岘直言吴俊的诗虽"神彩迥异",但"不入韵处太多"。而在另一封谈书法的信中,他评吴俊的篆书"有团结欠紧处。团结欠紧正是不拘束之流弊"。评价中肯而犀利。

尽管杨岘拒绝称师,吴俊却处处以师相尊,自称"寓庸斋内老门生"。

图十四

庸斋　吴昌硕　1875年

图十五

寓庸斋　吴昌硕　1892年

游历嘉兴和扬州

少无适俗韵,性本爱丘山。误落尘网中,一去三十年。

——〔东晋〕陶渊明

1871年,也就是在吴俊第一次游历期间,除杭州、湖州等地,他还游历了嘉兴。

初到嘉兴,是作客杜文澜(1815—1881)曼陀罗斋。

杜文澜,字筱舫,浙江秀水人。太平天国运动时入清军幕府,深得曾国藩、李鸿章倚重。历任江宁布政使、江苏按察使、苏松太道员等职。后被奏劾免官。工词,喜交游。

在作客曼陀罗斋时,吴俊认识了吴云(1811—1883)、沈秉成(1823—1895)、潘祖荫(1830—1890)。此外,他还结交了嘉兴著名词人、画家周闲(1820—1875)和画家蒲华(1832—1911)。

沈秉成,字仲复,号耦园主人,浙江归安人。咸丰六年进士,官至广西、安徽巡抚,署两江总督。他工诗文,精鉴藏,收藏颇丰,藏书超万卷,且多珍贵典籍。所藏金石、书画也多精品。

沈秉成于同治十三年(1874)辞官归隐,居苏州养老。在苏州隐逸期间购得1860年毁于战乱的涉园废址,请画家顾若波等人规划设计。1876年新园落成。因园子格局中为住宅,宅东、西各有一园,古代称两人耕种为"耦",于是名为"耦园",同时寓含夫妇归田双栖终老之意。因为严夫人亦能吟诗作画。

耦园西园内有书斋"织帘老屋",还有藏书楼名"鲽砚庐",也是文人雅集的好场所,俞樾、潘祖荫、吴云、李鸿裔、顾文彬、张之万、郑文焯等人常在园中雅集。

吴俊与沈瑞林关系默契。沈瑞林是顾若波的弟子,其父便是沈秉成。

吴俊在1880年前后与沈秉成来往频繁,并为其刻印。沈秉成曾与杨岘订交,吴俊想拜杨岘为师时,杨岘回信说"拟仿从前沈仲复与貌订交之例"。

潘祖荫，字东埔，号伯寅、郑盦，江苏吴县人。曾为光绪年间军机大臣，是吴中名士。喜收藏，最爱金石文字。发现彝器文物，必倾囊购置。他有攀古楼专藏青铜器。每得一器，便与同好者切磋研究。常与他切磋的有张之洞、王懿荣（1845—1900）、吴大澂等人。

1883年春，潘祖荫偶见吴俊篆刻，觉得很好，遂托其族潘瘦羊请吴俊给他刻印，先后刻了几十方，他都很满意。潘祖荫以通经学古勉励吴俊，并夸吴俊的篆书入古。

吴俊刻印多年，但并没有十足的自信，听到潘祖荫肯定的话，信心倍增。

周闲，字存伯，居嘉兴城南范蠡湖，号范湖居士，斋号范湖草堂。曾任江苏新阳县令，后因与上司意见不合罢官。罢官后卖画为生。后侨居上海。他善画花卉，与画家任熊（1823—1857）交好。为人、画风对蒲华有影响，和吴俊很投缘。

1874年秋，吴俊又前往嘉兴，做杜文澜幕僚。其间，经施浴升介绍，结识了杜文澜的亲家金树本（1795—1847）。两人不仅同客曼陀罗斋，还同游了苏州。

金树本，字铁老，浙江钱塘人。参加过太平天国运动。工诗善书。其诗寓意浑厚，绝类古乐府，以质胜文。著有《怀越堂诗钞》。其书古拙，若六朝造像。他还善鉴别古玉，收藏颇多。

吴俊不仅和金树本探讨诗文，还向他学习鉴识古器的方法。金树本建议吴俊"学游还学诗"。吴俊接受了他的建议，认识到"功夫在诗外"，从此诗境大进。

1875年，吴俊编成第一本诗集《红木瓜馆初草》（诗稿手抄本），同时开始钟情古器。

吴俊还随时任扬州两淮盐运使的杜文澜前往扬州。

在扬州，吴俊工作之余游览了许多园林、古迹，如唐城遗址、古石刻。在这个"八怪"诞生的地方，他还关注民间散落的"八怪"真迹。

他还与正在扬州的"茗上六才子""潜园七子"之一的凌霞多有来往。

凌霞,又名瑕,字子与,号病鹤,晚号疣琴居士,斋号有二金梅室、天隐堂等,浙江归安人。他是处士,尤嗜金石。

因为同乡张行孚认识凌霞,吴俊到扬州就拜访了他。他们一见如故,谈得很投契。

凌霞还与吴俊相约同游东邻日本。

正是杭州、湖州、嘉兴、苏州、扬州、上海多地的游历生活,让吴俊有了移居苏州的想法。

真者,精诚之至也,不精不诚,不能动人。

——〔战国〕庄子

早在1872年初次游历苏州时,吴俊就拜访了吴云。

1880年吴俊受邀前往苏州担任吴云两个儿子的家庭教师,常住"听枫园"。

吴云,字少甫,号平斋,晚号退楼、两罍轩主,又号愉庭,浙江归安人。他交游甚广,精通金石,家中收藏颇丰。先后得齐侯罍两件,因号所居为"两罍轩"。

吴云时任苏州府知府,由于公务繁忙,加上应酬多,很少和儿子的家教见面。

一天,吴云问儿子:"先生闲来都做些什么消遣?"儿子回答:"只见先生执刀刻砖,总是刻个不停。"吴云好奇,便随儿子前去察看,果然见吴俊在刻印。吴云问道:"先生刻印有几年了?已刻了多少?"吴俊见"轩主"突然前来,多少有些受惊。他有些赧然地回答道:"还不到十年。"并指着屋角一小堆碎砖瓦说:"至尊府后仅刻了这些,因家贫,只得以砖代石。"吴云大受感动。他对吴俊直言不讳道:"你这是硬干,还没有入门。"

图十六
两罍轩考藏金石文字
吴昌硕

图十七
两罍轩考订金石文字
吴昌硕

图十八　削觚　吴昌硕　1880年

见吴俊如此痴迷、勤奋刻印，吴云便将自己珍藏的秦汉玺印谱和明清各流派印存拿给吴俊研习。不仅如此，他还让吴俊观看了自己多年收藏的钟鼎彝器。吴俊又一次大开眼界。

吴俊并没有介意吴云说他"硬干，还没有入门"，他拿《篆云轩印存》向吴云请教，吴云为之删削，更名为《削觚庐印存》。在印跋中，他这样解释"削觚"二字的含义：

削觚见杨子太元。觚，法也。觚而削之，是无法之法。

甚至可以说，没有吴云，就没有后来的吴俊。

两罍轩的经历使他意识到，自己应该从前人的窠臼中脱离出来，自创一格。他作了《书〈削觚庐印存〉后》：

裹饭寻碑苦不才，

红崖碧落莽青苔。

铁书直许秦丞相，

陈邓藩篱摆脱来。

可见，随着见识的增长和创作经验的积累，吴俊有了强烈的创新意识。

1882年，吴俊在苏州贴出自己的第一份润格，开始了卖艺为生的日子。

他在靠近寒山寺的西亩巷租了房子，将家人接过来，正式寓居苏州。

农历四月初，吴俊在携家人离开安吉前往苏州时，手书"道在瓦

图十九

缶庐·芜青亭长饭青芜室主人　吴昌硕　1879年

图二十

缶庐 吴昌硕 1882年

图二十一

缶庐 吴昌硕 1885年

甓"四字赠老友金杰。初九,金杰回赠了他一件得自古墓葬的陶缶,"了无文字,朴陋可喜"。

吴俊因此将自己苏州的寓所取名"缶庐",还专门写了《缶庐诗》阐述大义:

以缶为庐庐即缶,庐中岁月缶为寿。
俯将持赠情独厚,时维壬午四月九。
雷文斑驳类蝌蚪,眇无文字镌俗手。
既虚其中守厥口,十石五石颇能受。
兴酣一击洪钟吼,廿年尘梦惊回首。
出门四顾牛马走,拔剑或似王郎偶。
昨日龙湖今虎阜,岂不怀归畏朋友。
吾庐风雨飘摇久,暂顿家具从吾苟。

图二十二　缶　吴昌硕　　　　图二十三　缶　吴昌硕

折钗还酿三升酒,同我妇子奉我母。
东家印出覆斗钮,西家器重提梁卣。
考文作记定谁某,此缶不落周秦后。
吾庐位置侪箕帚,虽不求美亦不丑。
君不见,江干茅屋杜陵叟。

可见,缶庐二字不仅指"朴陋的居所",还包含吴俊的审美追求乃至人生追求。

什么审美追求呢?朴拙美。

什么人生追求呢?"见素抱朴"(老子)。

此等的人生追求、审美追求必然促成别样的艺术作品。

自此,吴俊以"缶庐"为别号。出于对缶的喜爱,他刻了许多缶形印章,经常将其钤于自己的书画作品上。

金杰,字俯将,江苏震泽人。其人"任侠使气。好古,以收藏古物为务,力有不逮,必多方称贷以济。尤癖嗜古甓,蓄至数百种"(《石交录》)。

吴俊很欣赏金杰,金杰也给了吴俊很多帮助。金杰曾在1872年带吴俊初到上海,结识了画家高邕(1850—1921),为吴俊打开通向上海之路。他还鼓励吴俊到苏州、杭州等地寻师学艺。

同一年,吴俊前往常熟时还结识了沈汝瑾(1858—1917)。

沈汝瑾,字公周,又字梦痕,号石友,晚年别号钝居士,斋号为

笛在明月楼、鸣坚白斋等,江苏虞山人。擅诗文,酷爱石砚,收藏颇丰。

1882年,时年39岁的吴俊经吴云介绍上门拜访小自己14岁的沈汝瑾。吴俊早就钦慕沈汝瑾的诗名,加上两人同好石砚,所以一见如故,很快便成了至交。

沈汝瑾不仅经常与吴俊讨论诗文,还让吴俊欣赏自己多年收藏的古砚,时不时也给生活困难的吴俊以经济资助。热情好客的他后来还帮助过吴俊的好友蒲华。吴秋农也曾住其家。

沈汝瑾多次为吴俊改诗、代作题画诗,吴俊经常为沈汝瑾收藏的石砚刻砚铭——沈所藏160多方名砚中有120多方砚的砚铭系其书刻。

两人的交情持续至沈汝瑾去世,长达30多年。吴俊称沈汝瑾为"诗之师"。

沈汝瑾去世后,吴俊为之整理刊印了《鸣坚白斋诗集》。

图二十四

沈瑾·公周

吴昌硕　1889年

结识蒲华

Making Friends with Pu Hua

> 宁与燕雀翔,不随黄鹄飞。
>
> ——〔三国〕阮籍

吴俊和蒲华最早相见于曼陀罗斋。在一次聚会中,只有吴俊同蒲华打招呼、交谈。对此,蒲华记在心里,对吴俊另眼相看。

"同是天涯沦落人,相逢何必曾相识。"(白居易)

吴俊和蒲华可谓患难见真情。在那次聚会后,他们互认知己,关系一直非常亲近。

蒲华,原名成,字作英,号胥山野史、种竹道人等,浙江秀水人。

蒲华出身寒门。父亲靠在城隍庙设小摊卖祭供城隍神的"保福饺"维持生计。他年少时在城隍庙里当过庙祝。因为,很多势利之人瞧不起他,有人甚至拒绝与他同桌共餐。但吴俊一点也不介意蒲华的出身。相反,他对这位出身寒门的才子尤为敬重。

蒲华喜好吟诗作画,非常个性。他诗、书、画皆精,尤擅写墨竹和山水。

蒲华受徐渭等人的影响大,作画用狂草笔法,速度非常快,作品多水墨淋漓,有清新之气。他虽然一直面临生存压力,但对艺术的追求没有丝毫减损。

蒲华的绘画对吴俊启发颇多,其对待人生与艺术的态度亦深深地感染了吴俊。

在充满艰辛的艺术道路上,吴俊和蒲华相互勉励,彼此庆幸遇到对方。

蒲华一生流浪,早年在嘉兴、苏州等地辗转谋生,晚年居上海,卖画为生。

1881年春,蒲华还从上海去了日本,同年夏天回国。他创作《海天长啸图》《海天旭日图》记录出国经历。1882年吴俊定居苏州后常到上海,恰逢蒲华日本归来,两人多有来往。1887年吴俊一度迁居上海,两人交往更多。而此时正是吴俊提升绘画水平的关键时期。

图二十五

蒲作英　吴昌硕　1886年改刻

1886年，吴俊为蒲华改刻"蒲作英"印。两人还多次互赠、合作诗画。1887年，蒲华为吴俊绘《丛竹虚亭图》。1889年，吴俊作小帧墨笔《蝴蝶花》，款署学徐渭法。他拿画向蒲华请教。蒲华题长跋于另一纸上："文长写花，运笔飞舞，饶于神韵。道复师文待诏，文长则未闻有师。昌硕偶写蝴蝶花一枝方拟其法，而不云拟道复，殆拟其无师之画，天机所流，不俗而已。正不必对文长真本以描头画角为能事，仓硕亦隽乎技矣。"

尽管吴俊生活也很艰难，但还是给予蒲华很多帮助。

1891年冬天，蒲华生存困难到没钱吃饭的地步。吴俊介绍他去投靠自己的好友沈汝瑾。他在介绍信中写道："此君光景正寒而落拓如故，其胸襟可取也。"可见，吴俊看重的是蒲华的才能和胸襟。

1893年，吴俊拟蒲华笔意写山水八幅。1894年10月，吴俊和蒲华合作《梅竹图》。蒲华写竹（以竹自喻），吴俊画梅（以梅自喻），取名"岁寒交"。对此，蒲华有诗云："死后精神留墨竹，生前知己许寒梅。"可见蒲华将吴俊视为知己。

1903年农历三月底，吴俊在苏州寓所招待来访的蒲华。蒲华见吴俊家中挂着一幅10年前拟自己笔意的山水《竹里有亭图》，画上有题款："人谓缶道人画笔，动辄与石涛鏖战，此帧其庶几邪？"蒲华久久凝视画作后即兴挥毫作墨笔山水《拟梅道人诗意图》，并题诗："我亦有亭深竹里，也思归去听秋声。"《拟梅道人诗意图》后来成为吴家的珍藏。

1904年夏，吴俊又在苏州为蒲华刻"蒲华""作英"印。同年冬，吴俊拈句，蒲华和金瞎牛（彰）合作墨笔山水《倚篷人影出菰芦图》，并提款："倚篷人影出菰芦。仓硕先生仁兄拈句嘱图，寒夜秉烛，为拟梅道人法，而乏烟波浩渺之趣，一笑。甲辰暮冬，弟蒲华。"吴俊加题："作老以疏逸见长，冷香以浑古取媚，是帧合作，益增奇特。焚香默读，何修得此！光绪岁焉逢涂月雪窗，安吉吴俊卿老苍记。"可见他对蒲华的敬意。

图二十六
岁寒交图
纸本水墨
141.7cm×39.1cm
吴昌硕
蒲华
1894年
浙江省博物馆藏

图二十七　蒲华　吴昌硕　1904年

1911年（清宣统三年）夏，蒲华在熟睡时将假牙咽入喉管窒息逝世。蒲华孑然一身，吴俊出钱买坟地、办丧事。蒲华去世后，吴俊再三叮嘱家人："蒲作英的墨迹千万要看重，我们家一定要珍藏好蒲作英的书画。"吴俊所藏蒲华的作品是二人友情的见证。吴俊在《石交录》中称蒲华"家贫，鬻画自给。时或升斗不继，仍陶然自得"。

1926年，经丁仁等友人努力，出版了蒲华的诗集《芙蓉庵燹余草》。诗集前刊出吴俊1924年写的一篇序。序中有言：

作英蒲君为余五十年前之老友也，晨夕过从，风趣可挹。尝于夏月间，衣粗葛，橐残笔三两枝，诣缶庐。汗背如雨，喘息未定，即搦管写竹石。墨沈淋漓，竹叶如掌，萧萧飒飒，如疾风振林，听之有声，思之成咏，其襟怀之洒落逾恒人也如斯。所作诗类见于题画，不解思索，援笔立就。疏宕之气，播为天籁。

蒲华曾劝诫吴俊作画"多用水墨，少用颜色"。就此，人们可以得知蒲华和吴俊二人绘画风格的不同。蒲华的绘画较吴俊更传统（多用水墨），而吴俊的绘画较蒲华更现代（多用颜色）。可以说，吴俊在晚年的变法中，以浓艳的色彩突破了蒲华的只用水墨。他曾笑着对弟子和儿子说："可惜蒲老过世了，不然给他一些颜色看看。"事实是，在绘画上，蒲华既是吴俊学习的榜样，也是要他超越的对象。

结识任颐

> 世有伯乐，然后有千里马。千里马常有，而伯乐不常有。
>
> ——〔唐〕韩愈

吴俊虽然接触绘画比较早，但一直没大的突破。

1883年，他拿着好友高邕的介绍信拜访任颐（1840—1895），希望得到指导。

任颐，初名润，小名任和尚，号小楼（一作晓楼），又号次远、山阴行者等，后改字伯年（一作百年），别署任公子、画奴等，室名颐颐草堂等，画室名为"汲古斋"，浙江山阴人。是全能画家。

见到在绘画方面很有才能的任颐，吴俊多少有些底气不足。任颐让他先画一幅看看。吴俊心里没底，便谦虚地说："我还没有学过，怎么能画呢？"任颐说："你爱怎么画就怎么画，随便画上几笔就是了。"吴俊便画了几笔。没想到的是，任颐对他随意画的几笔不但没有批评，而且称赞道："你将来在绘画上一定会成名。"吴俊以为任颐要么是跟他开玩笑，要么是鼓励他。任颐却严肃地说："即使现在看来，你的笔墨已胜过我了。"

"信心就是成功"，任颐夸赞笔墨功夫的话让吴俊信心大增。

任颐可以说是吴俊的伯乐。重要的不是他教会了吴俊什么，而是他发现了吴俊惊人的笔墨功夫。他对吴俊说："你的书法根基深，不妨就以写篆书的笔法来画花瓣，而用作草书的笔法来写枝干，变化贯通，也就不难体会画理的奥秘了。"吴俊茅塞顿开。

有一天，胡公寿（1823—1886）对吴俊说："君的嗜画似乎太迟了。"因为吴俊习画是在三十岁以后，当时任颐在座，即跟着说："胸中有才华，笔底有气韵，迟些又有什么关系！"杨岘也说："画不从画出，而造艺在诗文金石，积水厚力，能负大舟，是知参上乘禅的。"

就在两人认识两个月后，任颐便为吴俊画了一幅肖像——《芜青亭长像》，画中题款："芜青亭长四十岁小影。癸未春三月，山阴弟

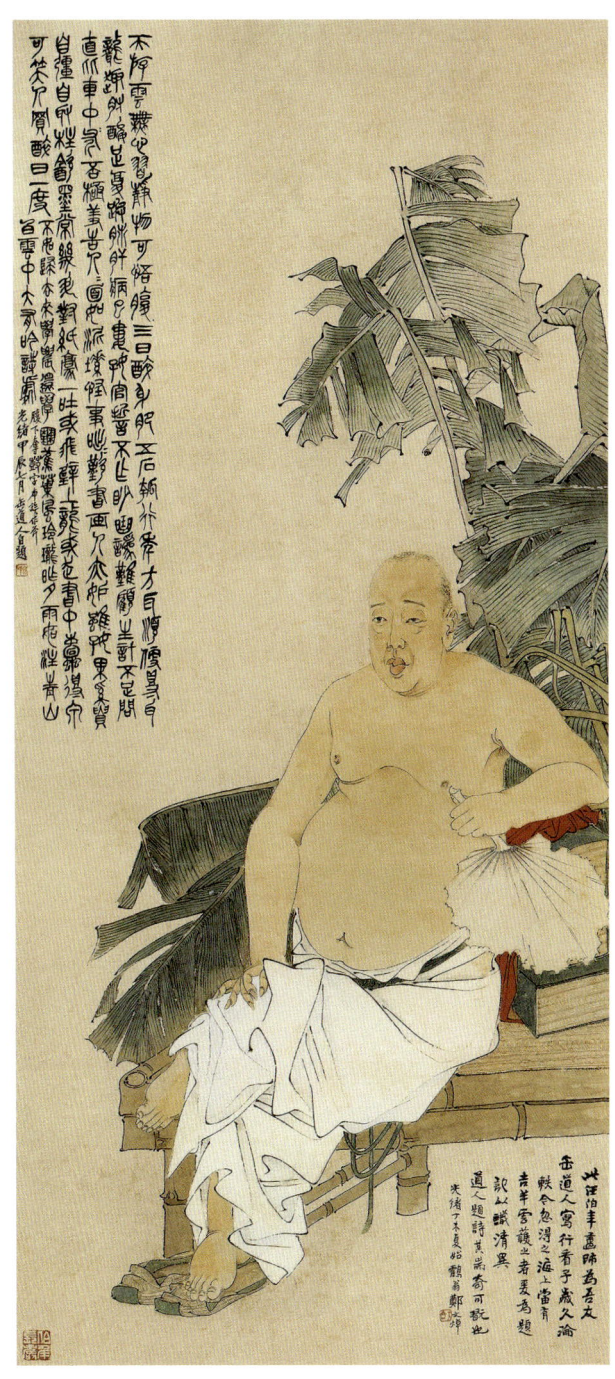

图二十八
蕉荫纳凉图
纸本设色
129.5cm×58.9cm
任颐
1892年
浙江省博物馆藏

任颐写于颐颐草堂。"可见任颐也是极为坦诚之人。

随着交流次数的增多,两人交情变深。寓居苏州的吴俊有时会特意赶到上海向任颐求教,任颐每到苏州也会到吴俊家中相聚。交往期间,任颐多次为吴俊画像,吴俊则为任颐刻了不少印章。

任颐为吴俊画的肖像除了《芜青亭长像》(1883),还有《饥看天图》(1886)、《棕荫纳凉图》(1887)、《酸寒尉像》(1888)、《蕉荫纳凉图》(1892)等,任颐画作中所钤的"伯年""山阴任""任和尚"等印章出自吴俊之手。

《饥看天图》任颐注明是"仓石先生吟坛行看子",写于光绪十二年十一月,即1886年年底。此时吴俊赴上海,任颐为吴俊作《饥看天图》,吴俊刻"画奴"印答谢。

《画奴》是一方非常特别的印章,印有边款:"伯年先生画得奇趣。求者踵接无片刻暇。改号画奴。善自比也。苦铁铭之曰。画水风雷起。画石变相鬼。人或非之。而画奴不耻。惜哉。世无萧颖士。"这方印章可以说是任颐生活状态的写照。他还在任颐珍藏的"宝鼎砖砚"上刻下这样的铭文:"画奴凿砚如凿井。画奴下笔力扛鼎。宝珠玉者谁敢请。"

1895年(光绪二十一年),任颐在上海病逝。吴俊非常悲痛,写下这样的挽联:

画笔千秋名,汉石隋泥同不朽;
临风百回哭,水痕墨气失知音。

后来,吴俊将此联抄示王个簃(1897—1988)时,又作了修改:

图二十九　伯年　吴昌硕　1884年

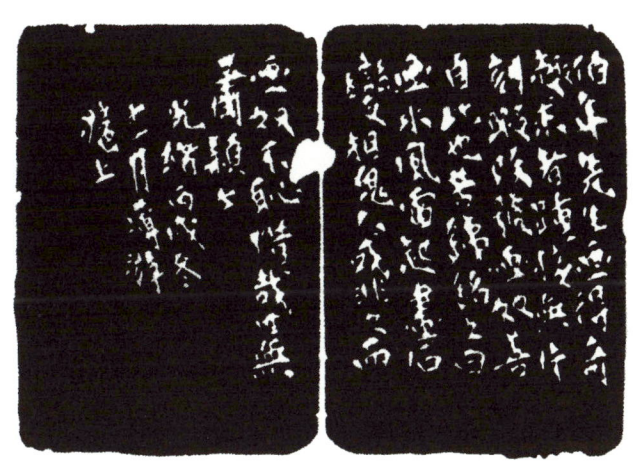

图三十

画奴 吴昌硕 1886年

北苑千秋人,汉石隋泥同不朽;
西风两行泪,水痕墨趣失知音。

多年后,任颐外孙吴仲熊(1899—?)向吴俊请教作画之道,有《勖仲熊》:

我画非所长,而颇知画理。
使笔撑槎枒,饮墨吐畏垒。
山是古时山,水是古时水。
山水饶精神,画岂在貌似。
读书最上乘,养气亦有以。
气充可意造,学力久相俟。
荆关董巨流,其气乃不死。
剪可试吴淞,涛翻风聒耳。
五岳储心胸,峥嵘出笔底。
硁硁摹其形,孱弱类疾痞。
请观龙点睛,飞去壁立毁。
愿子思我言,言直意却美。
慎无雅乐陈,郑声杂靡靡。
沧海虽横流,甲子尚可记。
欲归归未能,赁屋沪江涘。
我老无一能,英才望吾子。
画石天补成,痴心聊自喜。

笔底明珠无处卖,闲抛闲掷野藤中。

——〔明〕徐渭

做职业艺人是非常艰难的。

做艺术不能当饭吃。对于一个尚没有名气的艺术家来说更是如此。

尽管1882年在苏州贴出了第一份润格,但由于尚无名气,登门订件者寥寥。

考虑到一家人的生计,吴俊不得不另想他法。

他在朋友(吴云等人)的举荐下谋了个"佐贰"的差使。

"佐贰"的主要职责是帮主官处理日常事务,十分辛苦,但薪水很少。

1888年的一天,吴俊刚从府衙回来,还没来得及脱下官服,正好任颐来访,见他着官服的样子很入画,就提议为他画像,吴俊欣然同意。任颐画得很用心,直到天黑才画完。画作取名《酸寒尉像》。用"酸寒"二字形容身着官服的吴俊尤为贴切。

看着任颐为自己画的肖像,吴俊心中感慨万千。

他题句以自嘲:

达官处堂皇,小吏走炎暑。
束带趋辕门,三伏汗如雨。
传呼乃敢入,心气先慑沮。
问言见何事,欲答防龃龉。
自知酸寒态,恐触大府怒。
怵惕强支吾,垂手身伛偻。
朝日嗟未饱,卓卓日当午。
中年类衰老,腰脚苦酸楚。

人们看到一个随时四处奔走、汗流浃背,时刻小心谨慎,日日马首是瞻、提心吊胆的小吏形象。

沈汝瑾题《酸寒尉像》云:

江南一尉苦不饱，拖靴暑踏红尘道。
折腰拱手衣冠身，笑倒山中采芝皓。
戟门荡荡万里深，大官受谒须黄金。
书生胡为作此态，孤负白石青枫林。

虽然寄人篱下，但内心又不甘受人指挥、支配、约束，在做小吏的日子里吴俊非常痛苦。然而，这份苦差一干就是很多年。

1889年，杨岘在《酸寒尉像》上题诗一首：

何人画此酸寒尉，冠盖丛中愁不类。
苍茫独立意何营，似欲吟诗艰一字。
尉乎去年饥看天，今年又树酸寒帜。
苍鹰将举故不举，跕跕风前侧两翅。
高秋九月百草枯，野旷无粮仗谁饲。
老夫老矣筋力衰，丑态向人苦遭弃。
自从江干与尉别，终日昏昏只思睡。
有时典裘酤一斗，浊醪无功不成醉。
尉如盐虀我如荁，不登嘉荐总一致。
尉年四十饶精神，万一春雷起平地。
变换气味岂能定，愿尉莫怕狂名祟。
英雄暂与常人伦，未际升腾且拥鼻。
世间几个孟东野，会见东方拥千骑。

图三十二
酸寒尉印
吴昌硕　1889年

杨岘将此时的吴俊比作"将举故不举，跕跕风前侧两翅"的"苍鹰"。

所以，尽管在考中秀才时便绝意功名，但迫于现实压力，吴俊时有妥协。

理想很美好，现实很残酷。当理想遭遇现实，理想将会怎样？

图三十一

酸寒尉像

纸本设色

164.2cm × 77.6cm

任颐

1888年

浙江省博物馆藏

保天下者，匹夫之贱，与有责焉耳矣。

——〔清〕顾炎武

1890年，经朋友（潘祖荫等人）介绍，吴俊结识了闲居苏州的吴大澂。

吴大澂，字清卿，号恒轩、愙斋等，江苏吴县人。同治七年（1868）进士，经历颇丰，历任山西、陕西、吉林、湖南等地巡抚，政绩颇多，且醉心学问。

由于都酷爱金石书画，两人没多久便成了好朋友。

吴大澂家中丰富的收藏让吴俊获益匪浅。他又一次有幸看到大量文物和历代名家手迹。

1894年是极为沉重的一年。对于有责任感的人尤是。

这一年，清廷被迫对日宣战，中日甲午战争爆发。时任湖南巡抚的吴大澂"奏请统率湘军赴朝督战"。不久，获朝廷允准，"带勇北上"，负责帮办"东征"军务。

临行前，吴大澂邀吴俊随军参佐幕僚。

一来出于文人的道义观——"士为知己者死"，既然朋友邀请，理当前往；二来出于报国情怀——"天下兴亡，匹夫有责"，作为大清子民，理当前往；三来出于个人前途考虑，倘若此次凯旋，必能"加官进爵"，可以了却自己"读书愧未成，好古竟何取。男儿好身手，何不拔剑舞。区区谋一饱，坐受众人侮"（《别芜园》，38岁所作）的羞愧、遗憾。年过半百的吴俊不顾家人劝阻，毅然决然随吴大澂北上抗击日寇。

启程时，吴俊写下"可怜辽阳讯，魍魉跃波澜"的诗句，表达自己对国土沦丧、日寇入侵的义愤之情。

起初，吴俊对战局相当乐观。在临榆县的旅店中，他画了《乱石山松图》，左上题《芦台秋望》一首："旗翻龙虎日边来，六尺天门轶荡开。万里秋光看不尽，独披风帽上芦台。"

尽管意气风发，实际的战争却比想象中的复杂得多。

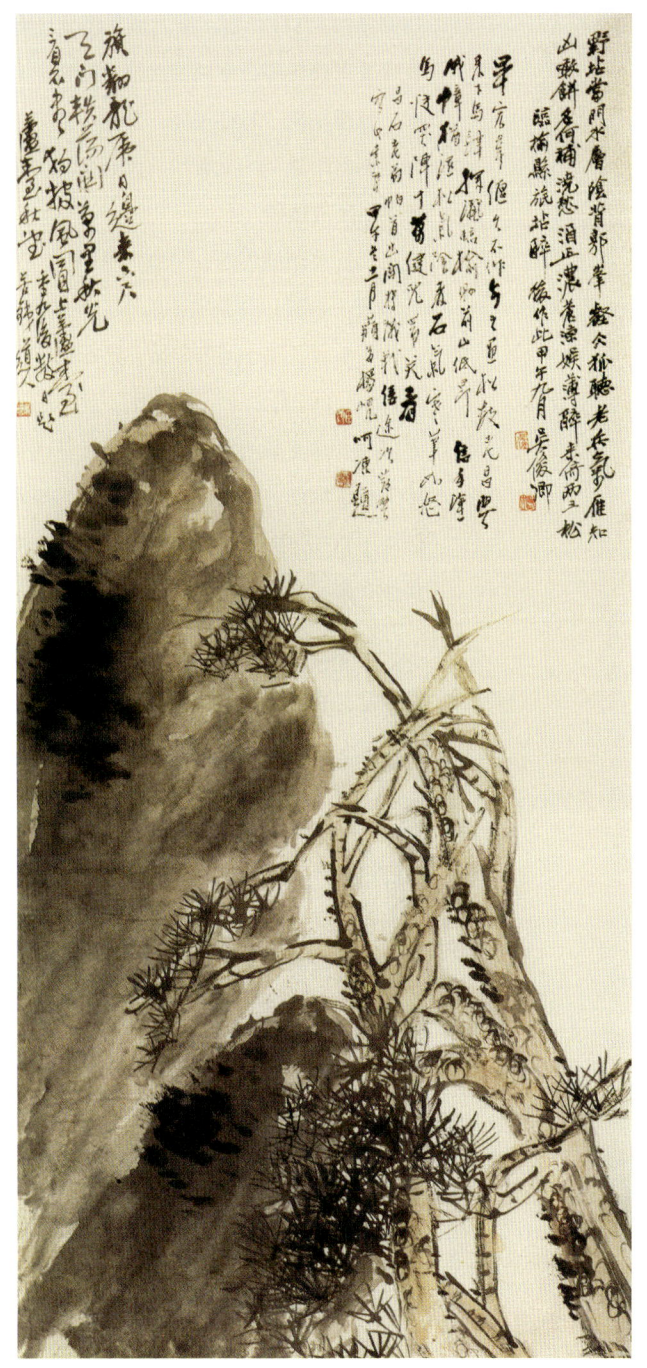

图三十三
乱石山松图
纸本设色
133.5cm×64cm
吴昌硕
1894年
浙江省博物馆藏

1895年2月21日开始,吴大澂与黑龙江将军依克唐阿、吉林将军长顺及宋庆等部合军第四次反攻海城。兵力虽多,但缺乏统一指挥。各部军队"意存观望,畏缩不前"。吴大澂虽"自请从军"却"不谙军旅",又有"言大而夸""自负不凡"的毛病。"东征军"屡战屡败。

结果,反攻海城失败,"湘军尽覆"。吴大澂欲拔剑自刎,被手下阻止。自叹:"余实不能军,当请严议。"3月17日,朝廷以"徒托空言,疏于调度"撤去其军职。

4月17日(光绪二十一年三月二十三日),清廷与日本签订丧权辱国的《马关条约》,中日甲午战争以中国的惨败告终。

甲午战争期间,北洋水师全军覆没,邓世昌(1849—1894)和丁汝昌(1836—1895)殉国,数以万计的战士为国捐躯。

吴俊有诗《哭丁汝昌》:

海军未复谁雪耻?

愤失海权蹈海死。

精卫衔石填沧海。

呜呼我国多烈士。

战场归来,吴俊和吴大澂友情更深。

1898年,吴大澂被朝廷革职,"永不叙用"。

被革职后的吴大澂潜心学问,组织龙门书院和怡园画社,吴俊是重要成员。

晚年忆起这段从军经历,吴俊写下了《偶兴》:

石头奇似虎当关,破树枯藤绝壑攀。

昨夜梦中驰铁马,竟凭画手夺天山。

注：甲午战争

1894年（光绪二十年，甲午），朝鲜爆发东学党起义，中、日两国同时出兵朝鲜，呈对峙之势。中国帮助朝鲜平定"叛乱"后，日本以保护侨民及使馆为由拒不撤兵，并要求中国与日本共同施压朝鲜改革。中国拒绝了日本的要求，这成为早就想开战的日本同中国开战的借口。7月25日（农历六月二十三日），日本海军在朝鲜丰岛海面击沉了清军借来运兵的英国商轮"高升号"，950名中国士兵遇难。中日战争正式爆发。战争中，李鸿章数十年苦心经营的北洋水师不敌日本海军，在黄海全军覆没，在朝鲜半岛、辽东半岛、山东半岛的陆军亦不敌日军。1895年4月17日（光绪二十一年三月二十三日），李鸿章与伊藤博文签订《马关条约》，中日战争结束。关于甲午战争中国失败的原因众说纷纭。表面上中国军队的装备并不比日军差，为何惨败？刘亚洲认为，"甲午战争中国之败并非海军之败，也非陆军之败，而是国家之败。甲午战争日本的胜利是制度的胜利，是现代国民意识的胜利"。以史为鉴，现代国民意识的培养和制度的改革是强国的基石。

何方可化身千亿，一树梅花一放翁。

——〔宋〕陆游

和大多数人一样，吴俊要经营自己的家庭，要考虑自己的人生和前途，"入仕为官，光宗耀祖"也好，实现自己的艺术理想也好，可他并不是贪生怕死、自私自利之辈。

不耻仕途要么是由于仕途受挫，要么是为了显示自己的清高。但对于真正的儒者，"格物、致知、诚意、正心、修身、齐家、治国、明明德于天下"是终极的人生理想。所谓"仕而优则学，学而优则仕"（《论语》）。从小读儒家经典长大的吴俊自然不例外。

吴俊不乏济世救民的抱负和悲天悯人的情怀。

《饥看天图》自题中有："海内谷不熟，谁绘流民图。天心如见怜，雨粟三辅区。贱子饥亦得，负手游唐虞。"《苦寒吟》中有："愿彼苍天顾穷民，阳和煦物万物生。"

抗日归来，吴俊继续以往的日子，四处奔波，卖艺为生。生活非常困难的他，非常羡慕那些得享丰厚俸禄的为官之人。

各种因素加在一起，使他再次燃情仕途。

经过慎重考虑，他做出捐官的决定。

开始是捐到县丞官职，他很希望从这个进身阶加捐知县。

吴俊写信给吴保初（1869—1913）：

弟碌碌无可短长，以酸寒尉终身，即亦已矣。乃不自知其酸寒，而人视之者代为酸寒；二三知己竭力怂恿，劝以加捐县令。盖弟捐有县丞，且乐为之助，现集款已至千五百之谱。

查县丞捐升知县，须实银二千五百余两。刻托徐子静观察，由厦门炮台捐上兑，再打八三折，只须实银两千有奇。凤蒙雅爱，当亦以此举为然。唯是七级浮图，尚赖大功德为之结顶，可否慨借朱提，数唯四百；计完赵璧，期在三年。倘蒙许我，敬乞五月中旬赐汇沪寓。因急上兑，局促如是……

吴保初，字彦复，号君遂，晚号瘿公，安徽庐江人。淮军将领、广东水师提督吴长庆（1829—1884）之子。同陈三立（1853—1937，字伯严，号散原，江西义宁人）、谭嗣同（1865—1898，字复生，号壮飞，湖南浏阳人）、丁惠康（1868—1909，字叔雅，号惺庵，广东丰顺人）并称"四公子"。是吴俊篆刻的收藏者。

1899年11月，在同乡丁葆元保举下，吴俊当上了淮安府安东县的县令。

不管通过何种途径当上县令，有一点是肯定的，吴俊是怀揣济世救民的美好愿望上任的。

愿望固然美好，但做县令并不比刻好印、写好字、画好画、吟好诗容易。

对于官场的黑暗、官员的腐败，早在做小吏时吴俊就有所见闻，所以他见怪不怪。但县令的工作并不比小吏的工作轻松。许多工作他感觉难以胜任。加上环境、人际不适，一个月后，他便以重听加剧、身体不适为由辞官。

《一月安东令》便是为纪念在安东做县令的日子所刻。印侧有诗（《岁己亥十一月摄安东县偶成》）：

旧黄河势抱安东，古木寒潭万影空。
卧榻冷悬高士雪，卷茅狂听大王风。
诗来淮上秋山里，人在天涯水气中。
眼底石头真可拜，侊容袍笏借南宫。

印侧落款为："安东即目。己亥十有二月。老缶。米元章曾为涟水军。"

这首诗可以说是他做县令时真实感受的写照。

1899年离开安东时，吴俊作《留别安东训导李福清学博振禧》一首，诗中有：

荒城醒梦早，天籁得诗同。

可惜梅花发，寒香别意中。

"荒城醒梦""梅花发""寒香别意中"，意思是他要告别"荒城"（安东），回到自己一直钟情的艺术世界中去。

有人适合从政（有吏才），有人适合从艺，也有人既有吏才亦有

图三十四

一月安东令

吴昌硕　1899年

图三十五　　　　　　　　　　　图三十六
一月安东令　吴昌硕　　　　　弃官先彭泽令五十日
　　　　　　　　　　　　　　　吴昌硕　1909年

艺才，但毕竟从古至今这样的人屈指可数。"三百六十行，行行出状元"。适合从政，还是适合从艺，试试便知。

当然，在封建社会，通常情况下吏才比艺才地位高。所以，从艺者皆有身份焦虑。

"一月安东令"过后，吴俊内心不再纠结，他决意在艺术道路上大展鸿图。

出任西泠印社社长

万木冻欲折，孤根暖独回。前村深雪里，昨夜一枝开。风递幽香出，禽窥素艳来。明年如应律，先发望春台。

——〔唐〕齐己

1904年（清光绪三十年）夏天，浙江青年篆刻家王褆（1880—1960，初名寿祺，字维季，号福厂、屈瓞、持默老人，别署印傭、锄石农、罗刹江民，斋号麋研斋、春住楼，浙江杭州人）、丁仁（1879—1949，原名仁友，字辅之，号鹤庐，浙江杭州人）、叶为铭（1867—1948，字品三，号叶舟，原籍安徽徽州，世居浙江杭州）、吴隐（1867—1922，字石潜，号潜泉，遯盦等，浙江绍兴人）等人在杭州西湖孤山的人倚楼聚会，基于在金石篆刻方面的共同爱好，决定发起一个"印社"。他们随即"集资购地，修造亭堂，发展社友"。吴俊也受邀参与此事。

吴俊于1900年前后与丁仁结交。这一年，他刻过一方名为"丁仁友"的印。

1904年印社草创时吴俊正在杭州，对成立印社极表赞成。自此同印社中人联系越来越密切。

1905年刻《山阴吴氏竹松堂审定金石文字》《石潜大利》等印。

1908年春为丁仁作诗题《西泠印社图》。

1912年，丁仁集前贤治印绝句，作《咏西泠印社同人诗》20首，其中就有为吴俊所作诗。这年十月，吴俊又到杭州，与西泠印社诸同人宴集社中，他在宴集时说："前辈不生，我辈老矣。倘异日学子谓悲庵诸老翔步天衢，缶庐辈即不能蹑足，或能为悲庵携拾草履，则此愿毕矣。"

经过近十年的艰苦筹备、苦心经营，印社初具规模。

1913年重阳节，印社召开了创立十周年纪念大会，修启立约，对外宣布正式成立。"人以印集，社以地名"，因印社靠近西泠桥，所以定名"西泠印社"。

西泠印社正式成立，吴俊被300多名印社社员公推为社长，他在印坛"声名如日中天"。公推其为社长是同行对苦心钻研数十年金石篆刻的吴俊给予的莫大尊重和肯定。

1917年,吴俊为印社作对联一幅:

印讵无原?读书坐风雨晦明,数布衣曾开浙派;
社何敢长?识字仅鼎彝瓴甓,一耕夫来自田间。

对联言简意赅。上联谈印社的源头,下联谈社长。印源是浙派。社长(自己)识字不过鼎彝瓴甓,实为来自田间的一耕夫。谦虚而不乏自信。

西泠印社以"保存金石,研究印学"为宗旨。每年清明节、重阳节举行盛会。

"社长"一职既是至高荣誉,同时意味着责任。

吴俊尽职尽责,不仅亲自组织印社的每次盛会,还为保护金石(文物)积极奔走。

1921年(民国十年),上海一商人得到1852年(清咸丰二年)出土于余姚客星山董氏墓地的东汉刻石《汉三老讳字忌日碑》,欲高价卖给日本人。吴俊得知后心急如焚。他组织西泠印社的社员四处奔走呼吁,发起书画义卖活动,在几个月内募集八千两白银,将碑从日本人手中赎回并运往杭州西泠印社,专门为其建造石室保存。

此时的吴俊已有很大名望。

就在这一年,日本金石爱好者特地请日本雕塑家朝仓文夫为吴俊塑半身像,以表钦仰。

吴俊在《西泠印社记》(作于1914年)中寄希望于印社同人:"惟与诸君子商略山水间,得以进德修业,不仅以印人终焉,是则予之私幸耳。"而对于印社的发展,他可谓高瞻远瞩:"顾社虽名西泠,不以自域。秦玺汉章,与夫吉金乐石之有文字者,兼收并蓄,以资博览考证,多多益善。"

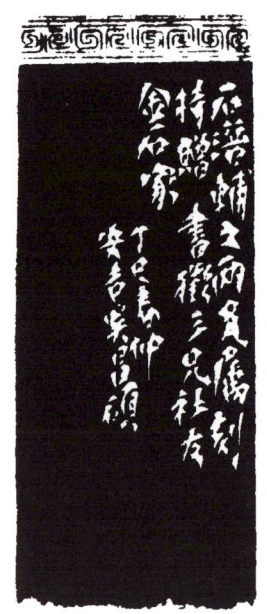

图三十七

西泠印社中人　吴昌硕　1917年

注:西泠印社

西泠印社创立于1904年(清光绪三十年)。由浙派篆刻家王禔、丁仁、叶为铭、吴隐等人发起创建。"人以印集,社以地名",因选定的社址在杭州孤山南麓西泠桥畔,故取名"西泠印社"。清朝杭州府与钱塘县均以官府批文登记备案。在印社初创的10年,四位发起人团结各地同人,"集资购地,修造亭堂,发展社友",印社初具规模。1913年重阳节举行了建社10周年纪念大会,确定以"保存金石,研究印学"为建社宗旨,对外宣布正式成立。当天,吴昌硕被300多名印社社员公推为首任社长。此后,印社经常开展集会、展览、收藏、出版等活动。在1923年和1933年,印社分别举行了建社20周年、30周年纪念活动。1947年补行40周年纪念活动。新中国成立后,于1963年、1979年、1983年、1988年、1993年、1998年、2003年、2013年、2018年分别举行了建社60、75、80、85、90、95、100、110、115周年纪念活动。一百多年来,经数代印人、书画家不懈努力,西泠印社如今已经成为一个国际性的保存、研究金石书画的民间艺术团体,有"天下第一名社"的盛誉。

寓居上海
Living in Shanghai

人言落日是天涯，望极天涯不见家。

——〔宋〕李觏

1843年，上海正式开埠，成为对外贸易口岸的上海吸引了大量中外移民。随着外资纷纷进驻、外国商品大量涌入，商品经济越来越发达。几十年时间，上海从一个不起眼的海边县城发展成为中外贸易的中心城市。

吴俊寓居苏州时时不时前往上海。早在1872年（清同治十一年），他便随金杰到过上海，并在那里认识了高邕。1883年因公赴津沽，在上海候轮时经高邕介绍认识任颐。由津沽回上海时，又与虚谷（1823—1896）、任薰（1835—1893）订交。以后几乎每年都到上海，有时甚至短期内去多次。

1887年，他在上海吴淞口租了一间小屋，此后经常往返苏州、上海两地，有时住在上海。之所以在上海租房，是因为一来上海聚集了大批职业画家，方便交流、学习，二来上海商品经济发达，书画更有市场，可以出售作品。

吴俊和任颐一直来往密切，所以非常了解长期在上海卖画为生的任颐的境况。求画者一个接着一个，画家没有片刻闲暇，这对职业画家而言无疑是巨大成功。吴俊自然以任颐为榜样。

1899年辞去县令后，吴俊继续四处奔波，过起以卖画为生的日子。而此时任颐已名动上海。其他师友亦纷纷前往上海发展。

在苏州、上海等地奔波数十年，"功夫不负有心人"，苦心孤诣的吴俊得到越来越多同行的认可。甚至一些日本的金石爱好者也慕名前来与他交流，有人欲拜他为师。

1911年夏，吴俊移家上海吴淞，赁屋小住。1912年正式寓居上海。1913年，在王一亭（1867—1938）的帮助下，举家迁往上海北山西路吉庆里932号一所新建的三上三下的石库门里弄住宅中，结束了长期奔波于苏州、上海等地的生活。

出任西泠印社社长后，他的名字在书画界可谓"无人不知，无人

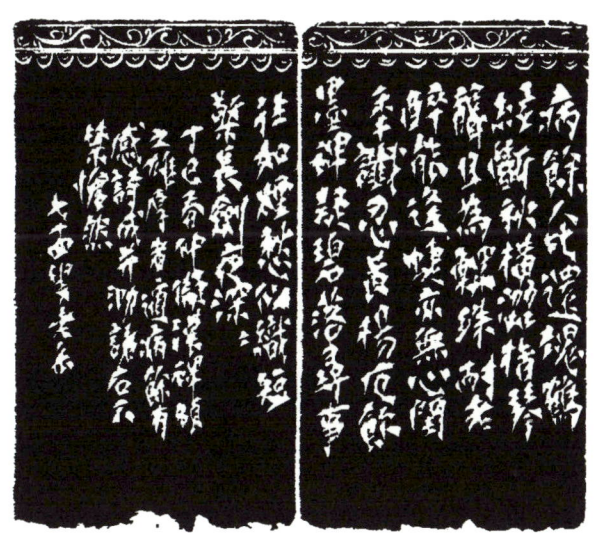

图三十八

吴昌硕大聋　吴昌硕　1917年

不晓"。随着知名度的提升,作品价格自然上涨。但功成名就的吴俊朴素依旧,一家人住的地方不算宽敞。有朋友对他讲:"以您的成就、地位和声誉,应该住花园洋房才对。"他笑着说:"我有这样的楼房住,已经心满意足了。想当初我刚来上海时,跟张熊一起,住一间少见亮光的小屋子,里面摆着两张床和一张画桌,就塞得满满的,两个人没有回旋余地,那才真狭窄呢。"

此时清朝已灭亡,历史已进入民国纪年。吴俊将辫子盘成发髻,自认前清遗老。

面对时事的巨大变迁,饱经沧桑的吴俊心里非常平静。他把自己的新居取名"去驻随缘室",表示"随遇而安",还写了一个大大的"聋"字,贴在画室门外,以示潜心艺术。

每每有人问门口所贴"聋"字的意思,吴俊便说:"是随吴大澂北上抗日时自己被炮火震聋了耳朵。"一般人相信这话,可和他关系好的朋友并不相信。他们见吴俊每遇到谈得来的朋友便谈笑风生,且言辞敏捷,看不出耳聋。所以有好友戏问他:"先生说自己耳聋,其实是另有所托的吧?"吴俊笑而不答。其实,"聋"字表示他专注于艺术。

移居上海后,吴俊重订了润格,继续自己的职业生涯。

注：辛亥革命

太平天国运动（1851—1864）、洋务运动（1860—1895）、维新运动（1898）、义和团运动（1900）全失败了。然而，尽管一次次革命运动失败了，但革命者的血并没有白流，革命的火种也没有熄灭，中华大地上孕育着更强力度、更大规模、更具颠覆性的革命。孙中山（1866—1925）设想并领导了"一场由全体中国人推进的毕三次革命之功于一役的革命：推翻清朝与帝制的民族革命；建立共和与民权的民主革命；平均地权并节制资本主义罪恶的民生革命"（徐中约）。1911年10月10日（武昌起义爆发）至1912年1月1日（中华民国成立），虽不到一百天时间，但革命的准备期是非常长的。"民国的诞生是中国历史上一个具有划时代意义的事件，因为它结束了长达两千余年的王朝时代。"（徐中约）但是，"民国的建立并没有带来和平、秩序和统一；相反，民国早期的特征是道德沦落、君主复辟运动、军阀割据，以及外国帝国主义势力加剧"（徐中约）。辛亥革命并不彻底，革命的果实最终被袁世凯（1859—1916）卑鄙窃取。1911年是农历辛亥年（清宣统三年），所以人们将这场革命称作"辛亥革命"。革命的先行者孙中山的"临终遗嘱"是"革命尚未成功，同志仍需努力"。辛亥革命失败，建立"民主共和国"仍是未竟事业。

大方无隅，大器晚成。

——〔春秋〕老子

人的成功需要人生目标、自身条件、外部环境三者的动态平衡。

数十年间，科考、从军、从政、从艺的内心纠结、实践、选择让吴俊有了清晰的人生目标——成就艺术人生。遗传自父母的优良品性，加上数十年的人生历练、苦心钻研，吴俊具备了成功的自身条件。而交游广阔的他得到了众多朋友的帮助。天时、地利、人和，取得巨大成功、获得普遍认可是必然的。

寓居上海期间既是吴俊艺术创作的黄金时期，也是他功成名就的时期。

这一时期，他全身心投入艺术创作，非常高产。

这一时期，他的篆刻、书法、绘画、诗词皆趋于成熟。

这一时期，他将篆刻（金石）、书法、绘画、诗词融于一炉，形成了古拙刚健的金石大写意画风。

这一时期，他的金石、书画作品频频于国内外展出、编辑出版。

1912年，吴俊刻"吴昌硕壬子岁以字行""吴昌硕壬子以后书"印。同年，日本人田中庆太郎编《昌硕画存》于日本刊行。

1913年，西泠印社正式成立，吴俊被公推为社长。

1914年，上海书画协会成立，吴俊被公推为会长。这一年，首次个展在上海日式饭馆六三园剪淞楼举办，日本人白石六三郎为发起人，上海商务印书馆编辑出版《吴昌硕先生花卉画册》（辑录20幅花卉作品），上海西泠印社编辑出版《缶庐印存》（三集）。

1915年，海上题襟馆金石书画会会长汪洵逝世，吴俊继之任名誉会长。这一年，吴隐主编的《苦铁碎金》（四册）——辑集了吴俊各体书法和绘画作品，由上海西泠印社出版，同时《缶庐印存》（四集）编辑出版。

1918年，商务印书馆请吴俊作"花卉"十二幅，刊登于《小说月刊》封面。

1919年，为商务印书馆所作十二幅花卉册（单行本）出版，张弁群集拓吴俊所刻印100余枚编成《缶庐印存》（八卷），褚德彝作序，王仁拓款。

1920年，日本长崎（首次）展出吴俊书画作品，东京文求堂继刊《吴昌硕画谱》，长崎双树园编辑出版《吴昌硕画帖》。

1921年，日本雕塑家朝仓文夫为吴俊塑半身铜像。日本大阪首次展出他的书画作品，引起轰动，高岛屋据此刊行《缶庐墨戏》。同年，东京至敬堂出版《吴昌硕书画谱》。

1922年，丁仁编《缶庐近墨》（第一集）由上海西泠印社以珂罗版刊行。同年，《吴昌硕〈石鼓文〉》和襟霞阁主人所编《缶老人手迹》出版发行。

1923年，丁仁续编《缶庐近墨》（第二集），由上海西泠印社刊行。《缶庐集》木刻本四卷两册出版。

1924年，上海书画社编辑出版《吴昌硕画宝》。

1925年，西泠印社编辑出版《吴昌硕画册》，商务印书馆珂罗版精印《吴缶庐画册》（辑录70岁以后画作16幅）出版。

1926年，日本大阪高岛屋（第二次）举办"吴昌硕书画展"，日本人堀喜二编《缶翁近墨第二集》出版发行，上海西泠印社编辑出版《吴昌硕花果册》（辑录12幅花果作品）。

……

人艺俱老、硕果累累的吴俊声誉日隆，誉满天下。

> 天道有迁易，人理无常全。
>
> ——〔西晋〕陆机

吴俊不只得到了学界的认可，作品亦备受市场青睐。

他对在苏州贴出第一份润格时"登门订画者寥寥"的情形记忆犹新。

定居上海后，他屡次改订润格。

1890年杨岘为吴俊所订《缶庐润目》为：

石章：每字六角，极大极小字不应，劣石不应。

书斋匾：四元，过大者不应。

横直幅整张：四尺三元，五六尺四元，八尺五元，条幅视整张减半。

琴条：一元。

楹榜：四尺二元，五六尺二元五角，八尺三元，过八尺另议。

纨折扇：一元。

只作篆书，分隶不应，行书与篆同，润画亦如之。

纸四尺者，字以三行为度，五六八尺者，或四行五行，过密不应。

书画镌刻，损目伤气，缶庐主人盖病又渐苦目昏，拟拨弃而未能绝也，或议加润以拒之，更立润目如左，不如约与不先惠润者，请在孙山之外。新旧两幸览焉。

此时吴俊已于上海吴淞口租房，经常往返苏州、上海两地。

1913年自订《缶庐润目》为：

堂匾：二十两。

斋匾：八两。

楹联：三尺三两，四尺四两，五尺五两，六尺八两。

横直整张：四尺八两，五尺十二两，六尺十六两，书画一例，条幅视整张减半。

琴条：四两，书画一例。

册页、纨折扇：每件二两，一尺为度，宽则递加，山水视花卉例加两倍。

题跋、题诗：每件八两。

篆与行书一例，分隶真楷不应。

磨墨费：每件二钱。

癸丑正月缶翁七十岁重定

（每两作大洋一元四角）

1916年重订《缶庐润格》：

耳聋足躄吾老矣，乱涂乱抹真可耻。

加润频年非所喜，养疴得闲亦为已。

大雅宏达请视此：

堂匾：廿两。

斋匾：十八两。

楹联：三尺四两，四尺五两，五尺六两，六尺八两。

横直整张：四尺十二两，五尺十六两，六尺廿两，八尺三十二两，条幅视整张减半。

琴条：五两，书画一例。

册页、纨折扇：每件四两，一尺为度，宽则递加。

山水：视花卉例加三倍。

篆与行书一例

磨墨费：每件二钱。

丙辰正月缶翁年七十又三重订

题跋：每件十二两，金笺加半。

1919年改订《缶庐润格》：

衰翁新年七十六，醉拉龙宾挥虎仆。

倚醉狂索买醉钱，聊复尔尔曰从俗。

旧有润格，锲行略同坊肆书帙，今须再版。

余亦衰且甚矣，深违在得之戒，时耶？境耶？

不获自已，知我者谅之。

堂匾：二十两。

楹联：三尺五两，四尺六两，五尺八两，六尺十二两。

横、直幅：三尺十四两，四尺十八两，五尺二十四两，六尺三十二两，条幅视整张减半。

屏条：六两。

纨折扇、册页：每件四两，一尺为度，宽则递加。

山水：视花卉例加三倍，点景加半，金笺加半。

篆与行书润例

刻印：每字四两。

题诗、跋：每件三十两。

磨墨费：每件二钱。

（每两作大洋一元四角）

己未元旦老缶自订于癖斯堂

1920年元旦，他又改订润格：

堂匾：三十两。

斋匾：廿两。

楹联：三尺六两，四尺八两，五尺十两，六尺十四两。

横直整幅：三尺十八两，四尺三十两，五尺四十两。

屏条：三尺八两，四尺十二两，五尺十六两。

山水：视花卉例加三倍，点景加半，金笺加半。

篆与行书润例

刻印：每字四两。

题诗、跋：每件三十两。

磨墨费：每件四钱。

（每两作大洋一元四角）

庚申元旦老缶自订于癖斯堂

此《缶庐润格》开头题诗一首：

衰翁今年七十七，潦草涂鸦惭不律。

倚醉狂索买醉钱，酒滴珍珠论贾直。

这一份润格旁还注有"辛酉年画例照格加半"，可见次年（1921年）的润格又提高了。

屡次改订润格的举动证明市场对吴俊作品的认可。

寓居上海后的境况自然不可与寓居苏州时同日而语。

然而，成功的焦虑虽没了，但成功的烦恼紧接而来。

面对接踵而至的求画者，吴俊感到苦不堪言。他写信对沈汝瑾说：

缶为画件所累，每日做三件，大约做到三月杪方可将去年所欠了却。书画本乐事，而竟入苦境，衰年之人如何当之！还乞石友先生教我。

由于订件太多，应付不来时便由他人（主要是弟子）代作。

经常代他作画的有赵子云（1874—1955）、王一亭（1867—1938）等，代他刻印的有弟子徐星周（1853—1925）和次子吴涵（1876—1927）。

注：新文化运动

新文化运动是发生在1915—1923年的一次激烈的思想革命运动。"五四运动"（1919年5月4日）是一个高峰。在这场广泛而持久的思想革命运动中，受过西方教育或影响的中国新知识分子对传统进行了激烈的批判。陈独秀（1879—1942）、蔡元培（1868—1940）、鲁迅（1881—1936）、李大钊（1889—1927）、胡适（1891—1962）等是运动的旗帜性人物。陈独秀创办的《新青年》杂志、蔡元培任校长的北京大学是运动的主要阵地、策源地。如果说洋务运动是模仿西方的火炮、铁甲、声、光、化、电（统称"洋务"）的阶段，1898年的戊戌变法（维新运动）和1911年的辛亥革命是引进、尝试西方政治制度的时期，那么1915—1923年的新文化运动更为根本，其学习、引进的是西方的整个文化。徐中约写道："它的主要成功，在于引进了西方的思想和摧毁了中国的传统，而不是创造了新的思想体系和新的哲学学派。批判性地重估中国与西方的文明来锤炼一种新文化，这一公然的做法，只是激起了一系列争论和论战，而没有创造出新文化。但是，却为创造性地采用外国的观念和体制，以处理中国的局势，奠定了基础。不管是沿着进化的抑或革命的路线，最终目的是一样的：创造一个完全现代但与众不同的新中国来拯救民族。"批判性地重估中国与西方的文明来锤炼一种新文化，同样是未竟事业。

> 逝者如斯夫，不舍昼夜。
>
> ——〔春秋〕孔子

吴俊酷爱梅花，视梅花为"知己"。

早在芜园，他亲手种过30余株梅花。

走出芜园的数十年间，每到多梅之地，梅花盛开之际必前往观赏。

以梅景著称的余杭超山自然成为吴俊经常光顾的地方。他多次前往超山赏梅、写梅，尤爱报慈寺前的一株宋梅。

1927年（民国十六年），为躲避战乱，吴俊携家人至浙江余杭县塘栖镇小住，顺便重游故地（超山）。赏梅之时想起"囊空愧无买山钱，安得梅边结茅屋"（《题〈岁寒三友〉》）的夙愿，遂嘱咐三子吴迈，死后将他葬于超山。这是他最后一次前往超山赏梅，也是最后一次赏梅。就在这年11月29日（农历十一月初六），吴俊病逝于上海寓所。

一代大家去世，国内外书画界人士纷纷撰文哀悼。

袁伯夔挽联云：

> 作一月令，耕双砚田，清节抗渊明，赁庑更无五柳宅；
> 擅三绝名，逾八旬寿，高踪继和靖，范金长傍万梅花。

朱古微挽联云：

> 江海有古心，自谥酸寒，垂世不蠲文字性；
> 丹青忘老至，力穷依傍，凭生诅信甲辰雄。

于右任挽联云：

> 诗书画而外复作印人，绝艺飞行全世界；
> 元明清以来及于民国，风流占断百名家。

先生逝世后五年，吴迈遵从父亲遗愿，将其移葬于超山报慈寺西侧山脚下的宋梅亭边。并将章氏夫人神主和施氏夫人灵榇移至超山与之合葬。墓地离宋梅仅百步，约四五亩。墓一侧有吴俊执书而立石像，另一侧有王一亭《缶庐讲艺图》刻石。墓门石柱上有沈卫（淇泉）所撰对联：

其人为金石名家，沉酣到三代鼎彝，两京碑碣；
此地傍玉潜故宅，环抱有几重山色，十里梅花。

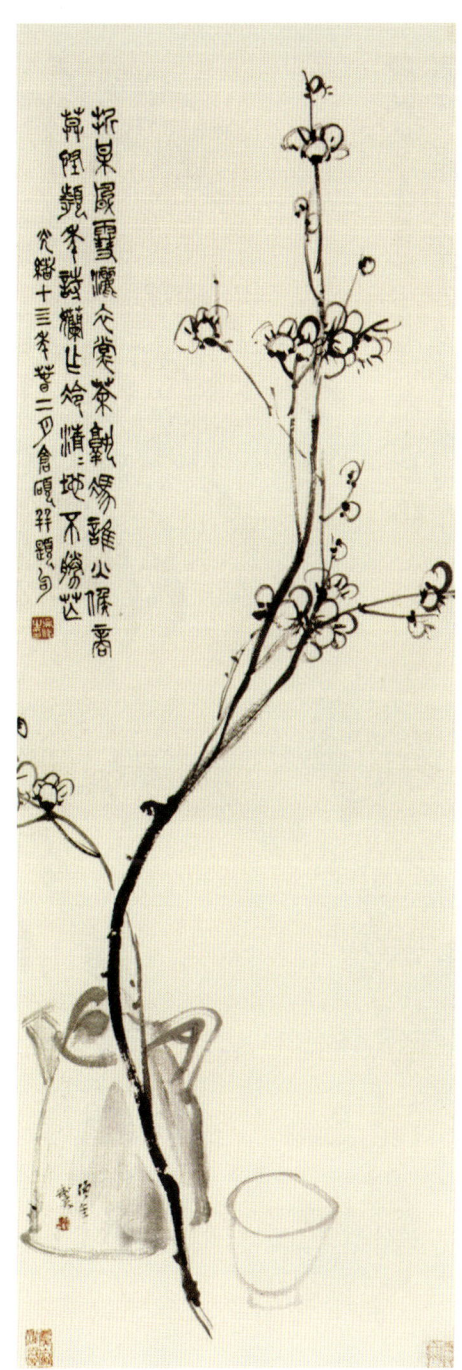

图三十九
枝梅图
纸本设色
88.7cm×29.2cm
吴昌硕
1888年

图四十
三秋图
纸本设色
136cm×65.5cm
吴昌硕
1911年

图四十一
四友图
纸本设色
149.2cm×78cm
吴昌硕
1917年

艺术成就
Artistic Achievements

陈三立（1853—1937）《安吉吴先生墓志铭》中有言：

盖先生以诗书画篆刻负重名数十年。其篆刻本秦汉印玺，敛纵尽其变，劖镵造化，机趣洋溢。书摹猎碣，运以铁钩锁法。为诗至老弥勤苦，抒摅胸臆，出入唐宋间健者。画则宗青藤、白阳，参之石田、大涤、雪个之迹。其所就无不控括众妙，与古冥会，划落白窠，归于孤赏。迹其奇崛之气，疏朴之态，天然之趣，毕肖其形貌节概情性以出，故世之重先生艺术者，亦愈重先生之为人。

诸宗元（1875—1932）在《缶庐先生小传》中写道：

初，先生以篆刻名于世，晚复肆力于书画，盖于文艺有笃嗜焉。书则篆法猎碣，而略参己意，虽隶、真、狂草，率以篆籀之法出之。画则以松梅、以兰石、以竹菊及杂卉为最著。间或作山水、摹佛像、写人物，大都自辟町畦，独立门户。其所宗述则归墟于八大山人、大涤子，若金冬心、黄小松、高且园、李复堂、吴让之、赵悲庵辈，犹骖靳耳。于篆刻研习为尤深，所用刀圆杆而钝刃，异于常人用以治印者，分朱布白，结字构体，一本于秦、汉印玺。宗元尝谓先生治印，当代诚无其匹，即本王元章始创花乳石印以还，镌削之妙，能齐于先生者，不数觏也。是以得者争藏弆之。先生复耽志于诗歌，奇气坌溢，时以真朴排奡胜。宗元尝以拟杜于皇、吴野人，论者许为知言。文不苟作，然其考核金石，或自为书画题记，下笔洒洒数千言，虽工于文者，见辄叹服。盖先生始居于乡，既客海上，官吴下，所与为师友者，如杨蓢翁（岘）、任伯年（颐）、吴瘦绿（山）、施旭臣（浴升）、均甫（补华）、谭仲修（献）、吴退楼（云）、愙斋（大澂）、潘郑斋（祖荫）、胡公寿（之伦）、皆为东南一时之雄彦，相与讨论评骘，故所得为独多也。其平昔所服膺者，惟蓢翁与伯年，以书画师承在二君耳。

王个簃（1897—1988）《吴先生行述》中有言：

> 人谓先生书过于画，诗过于书，篆刻过于诗，德性尤过于篆刻，盖有五绝焉。识者以为实录云。

摆脱重文轻艺传统的桎梏，方能准确估量艺术家的艺术成就。吴昌硕的成就主要在艺术领域。倘若承认这一点，便是印、书、画、诗四绝，应将篆刻排在首位，将诗排在末位。当然，也可以视其人品、印、书、画、诗五绝。

吴昌硕多次对人说："人家说我善于作画，其实我的书法比画好，人家说我擅长书法，其实我的金石更胜过书法"，"我是金石第一，书法第二，花卉第三，山水外行"。他没有将诗同篆刻、书法、绘画相提并论。事实是，他谈刻印极为自信、豪迈。《刻印》一诗中有"我性疏阔类野鹤，不受束缚雕镌中""不知何者为正变，自我作古空群雄""信刀所至意无必，恢恢游刃殊从容""山骨凿开混沌窍，有如雷斧挥丰隆"。相反，谈诗时非常谦虚，《〈缶庐诗〉自序》有言："予幼失学，复遭离乱，乱定奔走衣食，学愈荒矣，然大雅宏达，不肯薄视予恒语以诗，心怦怦动。私读古人诗仿为之，如盲人索途，茫然昧然，不知东西南朔也。积久成帙，无大题，无长篇，取遣寥寂而已。稍出示人，人怜而许焉，遂大喜，拟付手民，庶无负良朋之鼓励与十余年学吟之苦心。或宠以序，褒多而贬少。夫饰刍灵以衣冠，衣冠自衣冠，刍灵自刍灵耳，岂余所禁当哉？故勇于割爱，辄疏其缘起如此。《淮南子》曰：'使人信己者异，蒙衣自信者难。'倘谓自信，予何敢。"《〈缶庐别存〉自序》道："予耆古砖，绌于资，不能多得，得辄琢为砚，且镌铭焉。既而学篆，于篆耆猎碣。既而学画，于画耆青藤、雪个，自视无一成就，而诸君子或谬许之，因集猎碣字为联，以应索篆者。画则信手涂抹，亦信手补诗于其隙。昔者青藤、雪个得意之作，必有题咏，予不论工拙，趁兴而已。数年来铭与联与诗积颇富，姑存十之二三，署曰

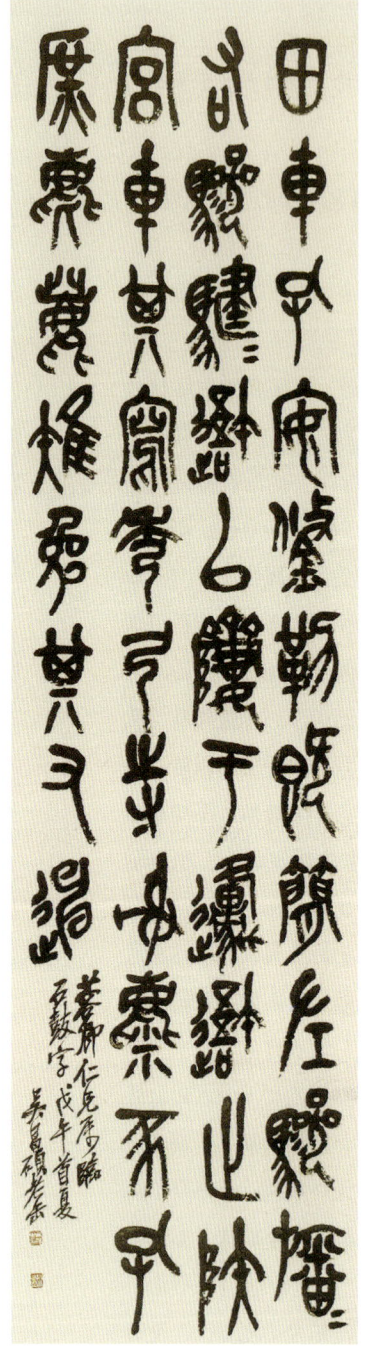

《别存》。别存者,可存可不存也。夫东施,丑女也,爱己之心胜,窃以为与西施等美矣。夫天下不皆西施,岂东施老而不嫁哉?有丑有美,请俟真赏。"吟诗不辍的吴昌硕自比东施,谦虚而不乏自信。

图四十二
节临石鼓文
篆书
吴昌硕
1918年

图四十三

强自取柱

吴昌硕　1896年

篆刻第一

篆刻（金石）是吴昌硕最早痴迷、用功最勤最深、成就最高的艺术。他在《西泠印社记》中写道："予少好篆刻，自少至老，与印不一日离，稍知其源流正变。"

吴昌硕的篆刻，初学清代印坛影响最大的两个流派——浙派和皖派。浙派的代表人物陈鸿寿（1768—1822）、皖派的代表人物邓石如（1743—1805）、吴让之（1799—1870）以及赵之谦

图四十四

此中有真意

吴昌硕　1898年

（1829—1884）等对他都有很大影响。不过，在漫长的游学时期，他从结识的朋友处先后看到汉晋砖瓦、秦汉玺印谱、明清各流派印存、钟鼎彝器、古砚等，眼界随之大开，视野随之开阔。经数十年的刻苦钻研，不但摆脱了浙、皖两派篆刻的束缚，对于秦玺汉印，也不再一味模仿，最终独树一帜、开一代篆刻新风，人称"吴派"。

《刻印》一诗是他刻印心路历程的写照：

赝古之病不可药，纷纷陈邓追遗踪。
摩挲朝夕若有得，陈邓外古仍无功。
天下几人学秦汉，但索形似成疲癃。
我性疏阔类野鹤，不受束缚雕镂中。
少时学剑未尝试，辄假寸铁驱蛟龙。
不知何者为正变，自我作古空群雄。
若者切玉若者铜，任尔异说谈齐东。
兴来湖海不可遏，冥搜万象游鸿蒙。
信刀所至意无必，恢恢游刃殊从容。
三更风雨灯焰碧，墙阴蔓草啼鬼工。
捐除喜怒去芥蒂，逸气勃勃生襟胸。
时作古篆寄遐想，雄浑秀整修弥缝。
山骨凿开混沌窍，有如雷斧挥丰隆。
我闻成周用玺节，门官符契原文公。
今人但侈摹古昔，古昔以上谁所宗。
诗文书画有真意，贵能深造求其通。
刻画金石岂小道，谁得鄙薄嗤雕虫？
嗟予学术百无就，古人时效他山攻。
蚍蜉岂敢撼大树？要知道艺无终穷。
刻成袖手窗纸白，皎皎明月生寒空。

在吴昌硕看来，诗文书画本一律，刻画金石并非雕虫小技，生有涯而道义无涯。

吴昌硕走的显然是一条印外求印的新路。所谓印外，即明清各流派篆刻、秦玺汉印之外，包括陶器、钟鼎彝器、秦砖汉瓦、汉晋古砖、封泥、猎碣（石鼓文）、石刻等。

张毅清所言不错：

> 正如吴昌硕的绘画引领了"金石大写意"的画风一样，有人说吴昌硕的篆刻，倡起的也是一种"大写意"的印风。我们看吴昌硕成熟期的作品，那确是一种"不衫不履，乱头粗服"的风致。在此之前的三百年文人篆刻史中，还不曾有人像他那样敢于毫不顾忌正统篆书丰润光洁的线感，而在同一印面中将线条刻得粗者自粗，细者自细，有如此强烈的反差；或者不将结构字形作停匀整饬的安排，而如取一方破石信手打凿，参差错落，不计工拙。淋漓痛快的笔意和锋芒毕露的刀痕，加上起伏顿挫、时断时续的线条，还有茂密酣畅的布局，刻意为之的残损，形成了吴昌硕篆刻所特有的如风蚀般的古茂与苍浑。
>
> "工欲善其事，必先利其器。"吴昌硕所用的，是一种自创的"出锋钝角"的圆杆刻刀。其迥异于前人所用的锐角小刀之处，在于圆杆者求得使刀运转自如，一任刀走字出，线条粗细方圆随意为之，往往在不经意处存天趣、见功力、出新意；而钝角者，行在石上，自然有一种迟涩之势，正是这种迟涩的运刀，使那种浩浩苶苶与悍猛的气势深蕴于印章之内，方寸之地却自有一种博大与沉厚。
>
> 吴昌硕的篆刻体貌厚重，以气势取胜，因势而传神，在印学史上造成了极大的影响。自"吴派"印风风行天下后，妍柔光洁的刻法便不再独自受宠，壮美的风格代替了华美与素美的境地。[1]

的确，吴昌硕"厚重苍劲"的篆刻风格，既与他一以贯之的美学

---

[1]张毅清：《金石书画大师——吴昌硕》，海峡文艺出版社，2003，第47—48页。

追求密切关联——吴昌硕追求的是壮美而非华美与素美，也与他所运用的创造性的刀法相关。

吴昌硕一生刻印颇多，有《朴巢印存》《苍石斋篆印》《齐云馆印谱》《篆云轩印存》《铁函山馆印存》《削觚庐印存》《缶庐印存》等多种印集传世，洋洋大观。据统计，现存吴昌硕所刻印章有700多方。

在印、书、画、诗四绝中，篆刻是最早得到认可的。

最早认可吴昌硕篆刻的是师友、同行。他的好友诸宗元（字贞壮，一字真长，别署迦持，晚号大至，浙江绍兴人）有"翁乃以摹篆刻印有名于海内"之语。

孙德谦写道："先生篆刻独长，屈曲知变，得镂䗩之法，匪自耄年；发解牛之硎，斯为神技。"

陈小蝶说："昌硕以金石起家，篆刻印章，乃其绝诣。"

熊佛西评价吴昌硕说："吴氏身兼众长，印品第一，印格青刚高古，纯宗秦、汉法，别具风格；其魅力宏大，气味浑厚，丁敬身之后，一人而已。"

孔云白说："吴俊卿继㧑叔之后，为一时印坛盟主。其气魄宏大，天真浑厚，纯得乎汉法。吴氏身兼众长，特以印为最，远迈前辈，不可一世。"

寿石工说："大抵并取浙、皖之长，而归其本于秦、汉……自成一家，目无余子，近世之宗匠也。"

施浴升在《题〈吴苍石印谱〉》中更是用到"灿如""媚

图四十五　爱己之钩　吴昌硕　1880年

如""健比""矫同""任曲屈""无差讹""能令万象皆森罗"等:

灿如繁星点秋江,媚如新月藏松萝。
健比悬崖猿附木,矫同大海龙腾梭。
使刀如笔任曲屈,方圆邪直无差讹。
怪哉拳石方寸地,能令万象皆森罗。

可知,吴昌硕篆刻独长,以篆刻名天下,篆刻印章,乃其绝诣。"独树一帜","丁敬身之后,一人而已","㧑叔之后,为一时印坛盟主……远迈前辈,不可一世","自成一家,目无余子,近世之宗匠",皆可谓至高评价。

图四十七

破荷 吴昌硕

图四十六

仓石道人珍祕
吴昌硕

图四十八

平平凡凡 吴昌硕

图四十九　无须吴　吴昌硕

图五十　千里之路不可扶以绳　吴昌硕

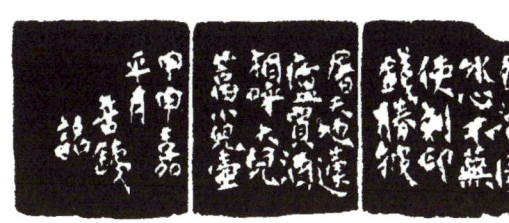

图五十一　十亩园丁五湖印丐　吴昌硕　1884年

图五十二
安吉吴俊卿昌硕考藏金石书画
吴昌硕　1908年

图五十三 园菜果蓏助米粮 吴昌硕 1915年

图五十四 听有音之音者聋 吴昌硕 1916年

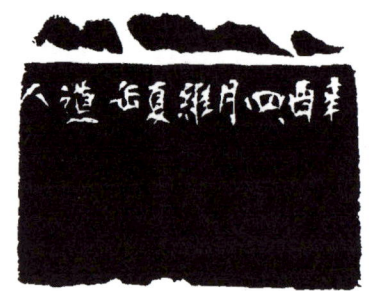

图五十五

淡如菊 吴昌硕 1921年

如从小尝试刻印，吴昌硕也从小学习书法。

小时候，由于家贫，经常握一支秃笔（旧笔、废笔）蘸水在青石板上习字。到晚年的数十年间，习书从未间断过。在漫长的学书生涯中，有磨穿砚底的经历。

吴昌硕的书法，篆、隶、草、楷、行各体，皆有独特面貌。其中，篆书成就最高，影响最大。

颜真卿（709—785）、锺繇（151—230）、汉碑、石鼓文、王铎（1592—1652）、王羲之（303—361）、苏轼（1037—1101）、黄庭坚（1045—1105）、米芾（1051—1107）、怀素（737—799）、何绍基（1799—1873）等，皆对吴昌硕有影响。在一系列学习对象中，他尤为钟情汉碑和石鼓文。

《何子贞太史书册（郑苏戡题诗于后）》中有：

唯蝯叟书天下袭，鲁公骨气凌秋豪，一波一磔坚不挠。

我书疲苶乌足数，劈所不正吴刚斧。

曾读百汉碑，曾抱十石鼓。

纵入今人眼，输却万万古。

不能自解何肺腑，安得子云参也鲁。

强抱篆隶作狂草，素师蕉叶临无稿。

乾坤大醉吾衰老，海上一枝寄穷鸟。

卖字得钱谋一饱，一饱终胜唉西风。

但愿蝯叟入梦兼鲁公，正气充塞鸿蒙中，何难绝大手笔驱蛟龙。

"鲁公骨气凌秋豪，一波一磔坚不挠"，可知他极为推崇颜真卿；"曾读百汉碑，曾抱十石鼓"说明他尤为钟情汉碑和石鼓文。石鼓文是战国时期的刻石文字，因刻在10个鼓形石碣上得名，又因记述游猎、行乐之事，人称"猎碣"，唐初在陕西凤翔县境内发现。其是介于古籀（大篆）和小篆之间的过渡文字，规整而不失雄浑厚重。历经漫长的岁月，磨蚀后的石鼓文极为雄浑苍劲。吴昌硕从石鼓文获益良多。甚至可以说，吴昌硕是在临习石鼓

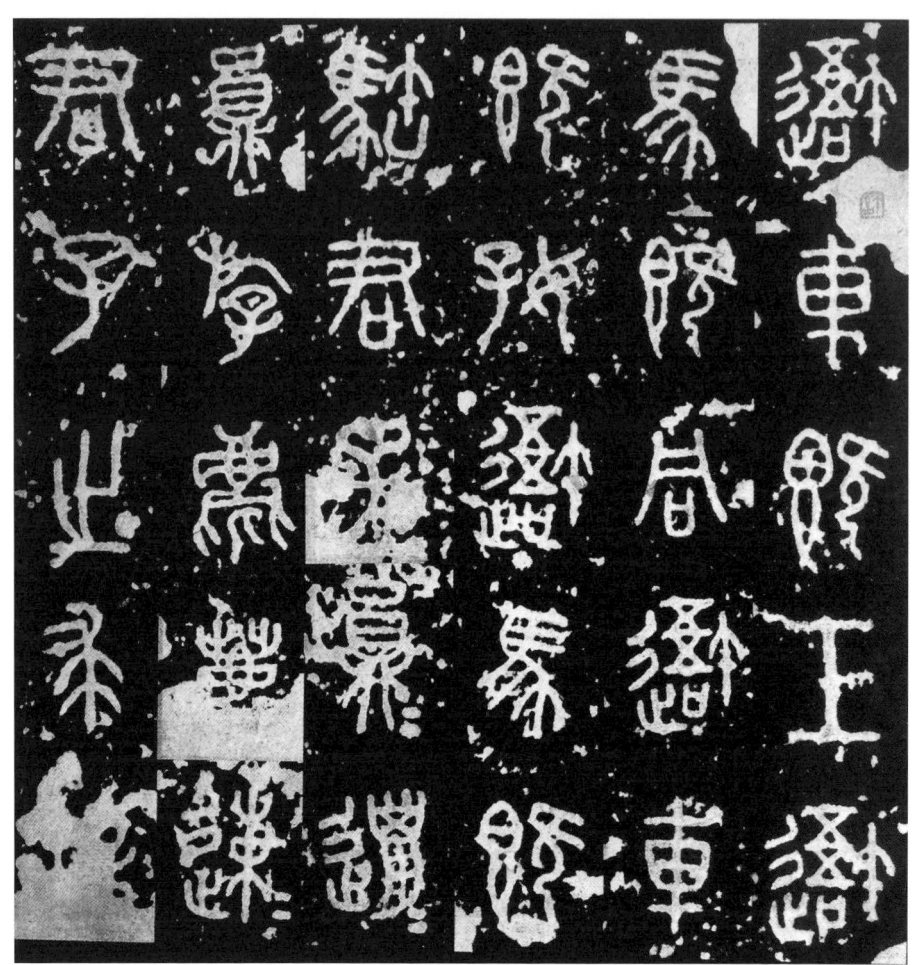

图五十六

石鼓文拓片

局部

战国

文的过程中逐步形成自己独特的篆书风格的。他65岁所临《石鼓文》上题有这样的话："余学篆好临石鼓，数十载从事于此，一日有一日之境界。"

王国维（1877—1927）《人间词话》中有言："诗人对宇宙人生，须入乎其内，又须出乎其外。入乎其内，故能写之。出乎其外，故能观之。入乎其内，故有生气。出乎其外，故有高致。"吴昌硕对石鼓文，可用"入乎其内，出乎其外"来形容。入乎其内让吴昌硕摆脱了流俗（习气），出乎其外使之篆书有了生气。实际的石鼓文（拓片）固然雄浑苍劲，但毕竟缺乏生气。吴昌硕深知这一点。有人对他说："君写石鼓，乃实写石鼓文耳。"吴昌硕笑着承认，并不认为是问题，因为他是有意为之。

吴昌硕所临写的石鼓文与原拓相比，笔画粗细、用笔藏露、方圆对比更为强烈，字的结体变方正为竖长，通篇以纵向取势——列距和行距都被压缩。可以说，他临写的石鼓文比原拓更有生气，更有气势。用王国维的话说便是"出乎其外，故有高致"。

沙孟海（1900—1992）评吴昌硕与赵之谦的篆书说："赵之谦作篆，不主故常，随时有新意义出来；吴先生作篆，也不主故常，也随时有新意义出来。可是赵之谦的新意，专以侧媚取势，所以无当大雅；吴先生极力避免这种'捧心龋齿'的状态，把三代钟鼎陶器文字的体势，杂糅其间，所以比赵之谦高明得多了。"他还写道："'一日有一日之境界'这句话大可寻味。我看他四五十岁所临石鼓，循守绳墨，点画毕肖，后来功夫渐深，熟能生巧，指腕间便不自觉地行出新的境界来。正如怀素《风废帖》自己说：'今所为其颠逸，全胜往年，所颠形诡异，不知从何而来，常不自知耳。'懂得这个道理，才能鉴赏先生晚年所临石鼓的高妙。"

吴昌硕可谓"创造性临石鼓"的典范。

吴昌硕的篆书以雄浑而非秀媚取胜。也可以说，吴昌硕的艺术是以雄浑而非秀媚撼人心弦。

除了篆书，吴昌硕也擅长隶书、草书、楷书、行书。无论隶书、草书，还是楷书、行书，皆富有浓浓的"金石味"（篆书意味），以气势取胜。

隶书学习汉碑（以《张迁碑》为主），用笔饱满苍劲，参有篆意，独具面貌。

草书直接由篆隶演变而来。用他自己的话说是"强抱篆隶作狂草"。

楷书初学颜真卿，后学锺繇——他自言"学锺太傅二十余年"。选择颜、锺作为老师，最根本的原因是他和他们的性格颇为相似——皆"性刚直中正"。吴昌硕在《颜鲁公书张敬因残碑》一诗中写道："鲁公书法冠古今，银钩铁画忠义心。"

锺繇和颜真卿的楷书用笔饱满，极为讲求力道。吴昌硕"古拙雄浑"的整体书法面貌的形成与学习他们的楷书有很大关系。

吴昌硕的行书，初学王铎，后汲取王羲之、欧阳询（557—641）、苏轼、黄庭坚、米芾诸家笔意，最终形成自家面貌。晚年则"强抱篆隶作狂草"。朱关田写道："缶翁书法，行世多篆隶，行草书绝少见，或不甚自重之。陈巨来《安持人物琐记》尝记况蕙风撰联贻义女（亦缶翁义女），特求之行草，而缶翁仍用篆书，也是事实。然其行草，坚挺凝练，郁勃之气绝不下于篆隶。"行草作品多用篆书笔法，往往参有浓重的篆意，也是吴昌硕行草书的特点。

概言之，吴昌硕的书法浑然天成，没有丝毫做作，篆书、隶书、楷书古拙雄浑，行草书雄浑放逸。纵观书史，古拙雄浑、雄浑放逸、遒劲郁勃的书风是冠绝古今的。

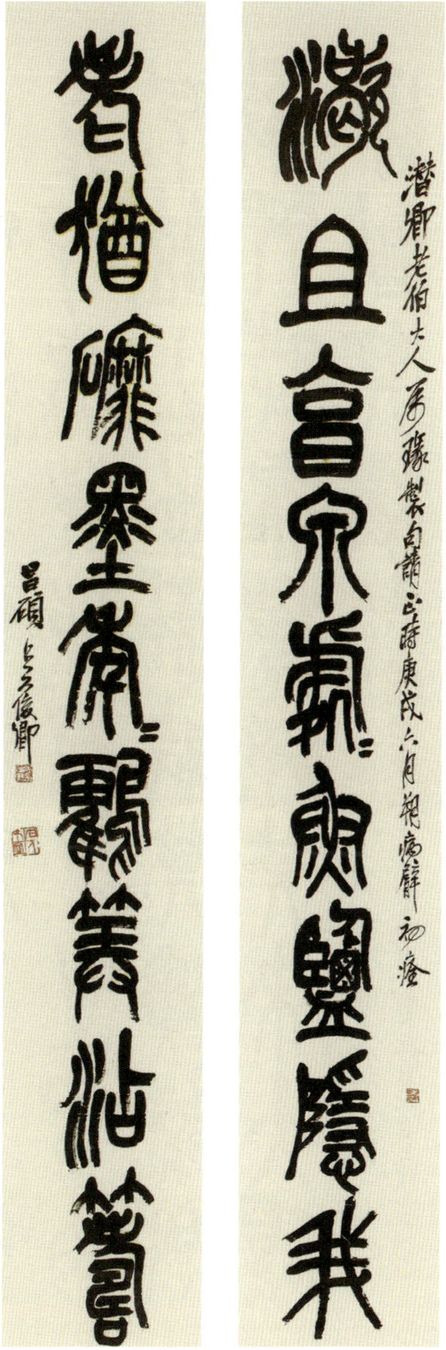

图五十七 九言联 篆书 吴昌硕 1910年

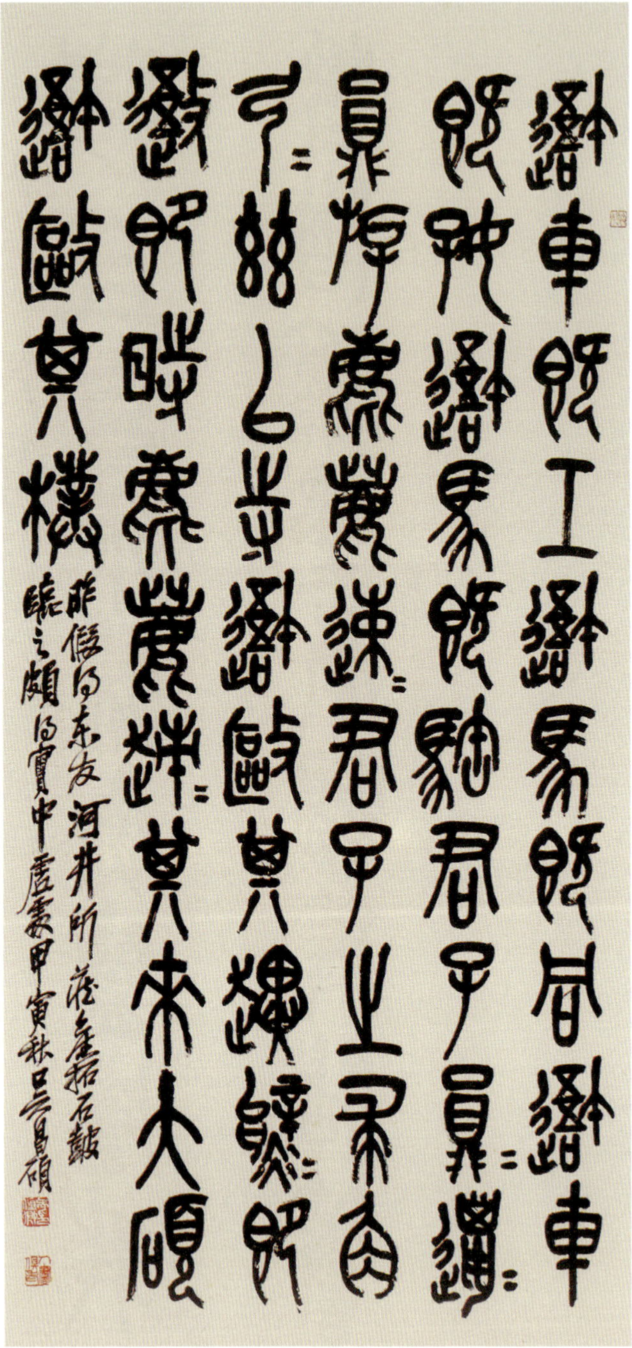

图五十八
临石鼓文轴
篆书
吴昌硕
1914年

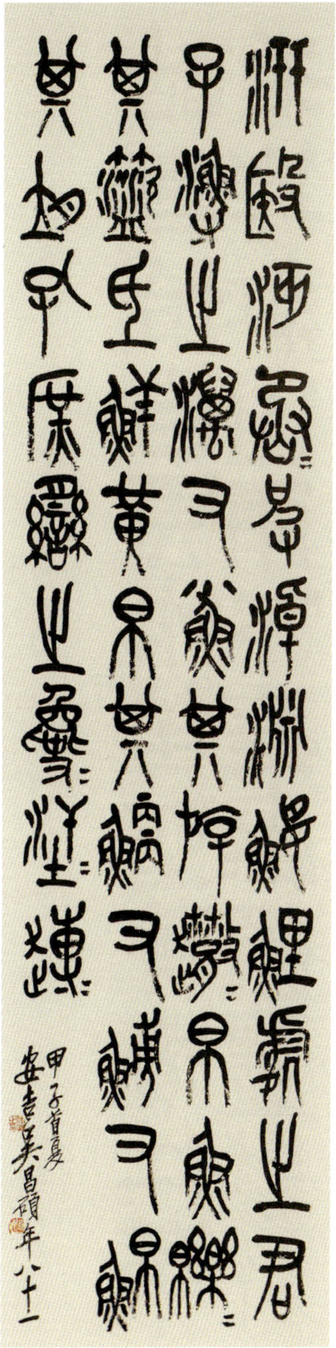

图五十九
临石鼓文轴
篆书
吴昌硕
1924年

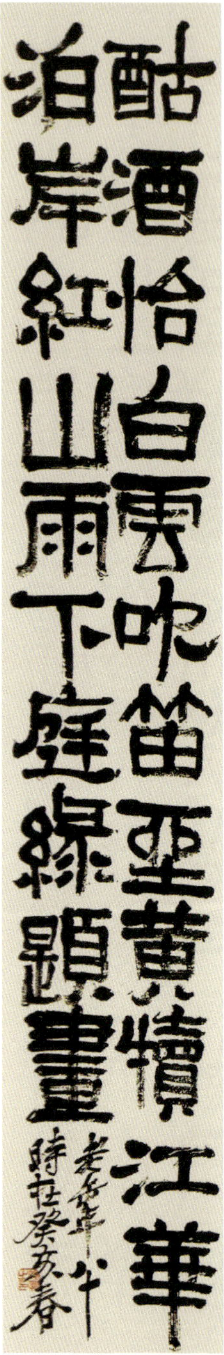

图六十
题画诗轴
隶书
吴昌硕
1923年

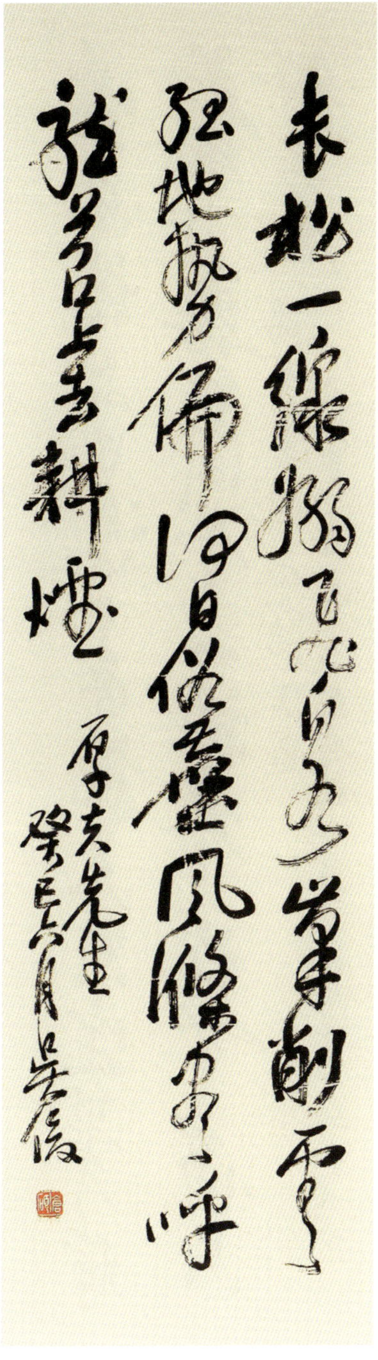

图六十一
七言绝句轴
行草书
吴昌硕
1893年

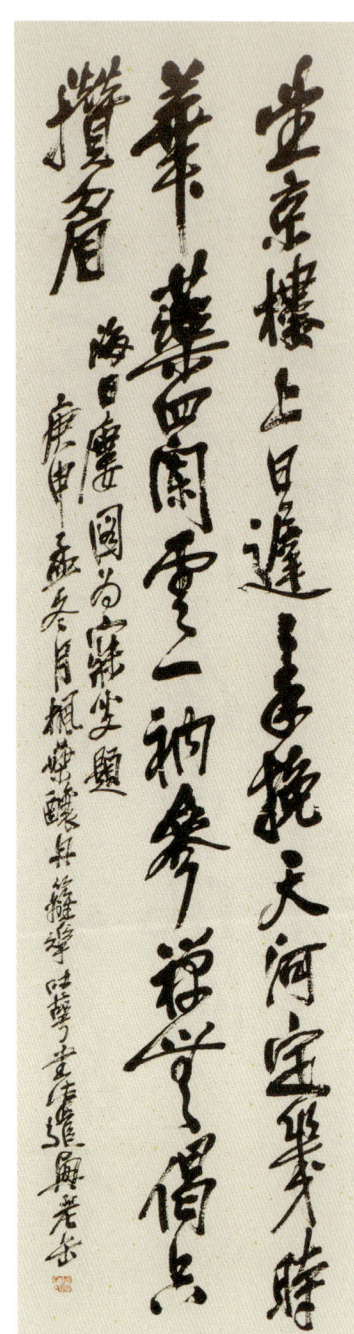

图六十二
题沈寐叟海日楼图诗轴
行书
吴昌硕
1920年

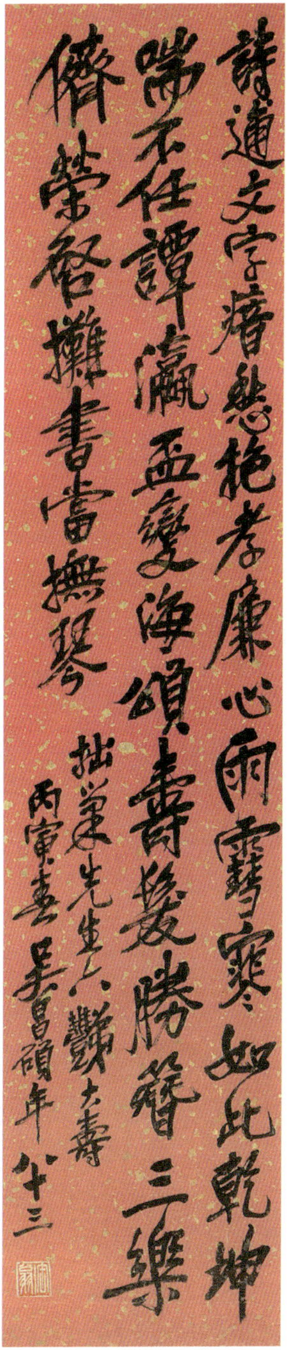

诗通文字瘴,愁艳孝廉心。雨露寒如此,乾坤喘不任。谭瀛盃变海,颂寿鬓胜簪。声三乐,侨荣备摊书当抚琴。

拙堂先生六十九大寿
丙寅春吴昌硕年八十三

图六十三
五言律诗轴
行书
吴昌硕
1926年

吴昌硕接触绘画较早。在芜园时,便师从潘芝畦学画梅。但他自言"五十学画"。

凡事都有一个过程。从最早接触绘画到学习(模仿)他人,到独立创作,再到形成自己的独特风格,是一个漫长而艰辛的过程。"五十学画"自然含有自谦的意思,但并不夸张。吴昌硕的确是从五十岁开始才对绘画有独到体会的。而最能代表他个人风格的绘画作品毫无疑问是晚年创作的大写意花卉。

《巨幅红梅》题画诗中有:"苦铁道人梅知己,对花写照是长技。"

很明显,吴昌硕继承的是文人画传统。具体来讲,他继承的是明清大写意花卉传统。

唐代诗人、画家王维以诗入画,开绘画新风,人称他的山水画为水墨山水(文人山水)。宋代文学家、书画家、书画评论家苏轼评他的诗画说:"味摩诘之诗,诗中有画;观摩诘之画,画中有诗。"王维被世人推为"文人画之祖"。

纵观画史,唐以前,绘画的主要成就在人物画(以道释人物为主);唐至宋,人物画、山水画、花鸟画三足鼎立;自宋始,文人画异军突起,宫廷绘画、文人士大夫绘画、民间绘画三分天下;经元、明,文人画(包括人物、山水、花鸟等)取得空前成就,绘画普遍向文人情趣发展,工笔画渐趋衰落,写意画逐渐占据主流;明末,从传统文人画中分化出来的大写意花卉画异军突起,自清初蔚然成风,成为明清画坛的一朵奇葩。

文人画是由文人士大夫倡导,后波及整个绘画领域乃至文艺领域的文艺思潮。严格意义上说其是在宋代成为潮流的,与苏轼等人的倡导有很大关系。

首先是创作主体。文人画即文人创作的绘画,创作主体是文人。什么样的人才算是文人呢?一般认为,文人须具备多方面的修养,除文学修养外,还应琴棋书画样样精通。其次是绘画题材。文人画的题材较窄,主要是花鸟竹石、水波烟云,很少画人物。

多以物寓意，如以梅喻人之不畏艰难，以兰喻人之孤芳自赏，以竹喻人之节操持正，以菊喻人之清净高洁、品行端正，以松喻人之刚正不阿，以荷喻人之出淤泥而不染。再次是具体的创作。通常以水墨为主，讲究诗、书、画、印一体，采取写意手法，以简、淡、雅为审美追求。

之所以说吴昌硕继承的是文人画传统，是因为一来他是名副其实的文人，诗、书、画、印皆精，绘画讲求诗、书、画、印一体；二来他的绘画多以梅、兰、竹、菊为题材；三来他采取写意手法。说他继承的是明清大写意花卉传统，是因为他钦慕、学习的画家大多以大写意花卉驰誉。如明代陈淳（1483—1544）、徐渭（1521—1593），清代朱耷（1626—1705）、石涛（1641—约1718）。他曾说："予素不知画。衰病多睡，虑伤脾，时以作篆之笔，横涂直抹，丑态毕露。人谓似孟皋，似白阳，似清湘僧，予姑应之曰：'特健药而已，奚画为？'"

吴昌硕写有许多向他感兴趣的画家表达钦慕之情的诗和题跋：

《白阳山水雨景》：

沉沉树深绿，前山雨气足。

卷帘云可掬，转眼塞破屋。

细观画出白阳手，醉心坐若对醇酒。

酒非瓶罄千日有，何以报之乏琼玖。

诗奇画古兴所寄，幻出南朝千佛寺。

老年习静思跏趺，妄想更为移浮图，八万四千皆金涂。

雨晴斜日时苍赤，我欲行行试游屐。

风景澄观似观奕，局散眼前殊可惜。

局外天地秋，与我风马牛。

纵策夸父之杖，不得追前游，安得白阳真以醇酒醉我贞之邮。

《陈白阳墨画》：

书画吾寡储，在人亦外府。
东友时寄观，喜气溢眉宇。
先吟鼠姑花，墨汁幻红雨。
狂乏青莲才，亦不玉环舞。
一径流清芬，走入辛夷坞。
摩诘归未曾，谁更辋川主。
兰菊霜露抱，傲骨而香祖。
孤秀人不如，人面取媚妩。
妩媚难悦人，一变尧舜禹。
唯利可制人，求者身伛偻。
名花置其前，鼻塞目能瞽。
洛妃来何凭，玉版传今古。
书奇赋更奇，画亦奇水乳。
山茶拙政园，折来朵可数。
想见梅村老，咏罢手还抚。
惜哉人未完，竟尔粪钱伍。
气味传白阳，咀嚼入肺腑。
作篆可笑人，残阙抱石鼓。
几回通入画，如眺隔一堵。
大惑心茫然，卜若卦之蛊。
抚卷三叹吁，羡尔生龙虎。

《青藤画菜》：

葱蒜鱼肉损肝肺，咬之不厌唯菜根。
古来种菜意所托，心仪吾指辽东君。
锄金不顾眼孔大，高异宁避华歆嗔。
大隐即今问谁是，所见一气镕金银。
青藤书画法外法，意造有若东坡云。
青衿剥去无碍相，白眼视等过浮云。

图六十四
瞎涂
吴昌硕
1884年

身前局蹐死仙去，剩有菜色哀流民。
我亦能饮一升墨，喷出楮上输精神。
有时画石类奇鬼，颠不下拜禅弥真。
补天未必且填海，六鳌压毙龙嘘云。
漫言放笔寮生趣，何妨卖菜佣弟昆。

《徐天池画册为李木公》中有：

天池画中圣，过眼神愕眙。

《葡萄》题记：

青藤画奇古放逸，不可一世，似其为人，想下笔时天地为之低昂，虬龙失其天矫，大似张旭、怀素草书得意时也。不善学之，必失寿陵故步。

《题八大山人画》：

一鸟复一鸟，中有雪个魂。
长安城头乌，与此可比伦。
若逢杜子美，定赋哀王孙。鸟
小鸡小于拳，喔喔来窗前。
谁可与谈玄又玄，当时多异闻吁嗟，奇事更有驴人言。鸡
斗鹌鹑，斗何苦，弱者瘐，强者怒。
闻贼虽强安足数，宫人能刺一只虎。鹌鹑
残山剩水写来看，纸上闲愁动万端。
笔墨了无烟火气，荒暗应坐破蒲团。
繁华梦破入空门，画不加题但印存。
遥想石头城上草，青青犹自忆王孙。山水
离离禾黍故宫芜，钟阜龙蟠剩画图。
只有荷花如旧日，棹歌凄断莫愁湖。荷

《八大山人鸟石》：

一鸟鸣秋一鸟呼友朋，一石突兀三生形。
画笔谁师承，独往排沧溟。
年且不纪何论名，钤只两印红星星。
荒庵想见门独扃，偈未持半诗速成。
长安城头之鸟哑哑鸣，仿佛和尔咿唔声，又若学舌波罗蜜多经。
王孙幻作僧，哀哉亡有明，而今黄河之水望不清。
吁嗟乎，以今比昔乌乎可，龙是真龙飞未果，晞发婆娑奈何我。

《效八大山人画》：

石城王孙雪个画，下笔时嫌八极隘。
砚翻古墨春雷飞，大石幽花姿奇怪。
苍茫自写兴亡恨，真迹流传三百载。
出蓝敢谓胜前人，学步翻愁失故态。
是时窗户春融融，墨汁一斛古缶中。
古今画理在一贯，精气居然能感通。
此花此石寿无穷，唐摹晋帖称同功。
香温茶熟自欣赏，梅梢双鸟啼春风。

《石涛山水为王大》：

风帆叶叶水浑浑，桐柏山光泻酒尊。
十八年前纪游迹，料应题字古松根。
画图如读高僧传，十万云山水一方。
笔底尽饶金石气，漫云蔬笋是家常。

《石涛画》中有：

毕竟禅心通篆学，几回低手拜清湘。

另《石涛画》：

零丁老人隐于僧,尝拌佛力拜青藤。

荒山老屋枯吟处,夜半应愁鬼剔灯。

《石涛画卷(题句有"夜光岩畔四更风"七字)》中有:

披图吾愧死,晞发未逃空。

题画诗题记:

赵子固自跋水仙,谓观者可求于形似之外。我深叹其言。子固水仙,周草窗极重之,曾刺舟严陵滩下,见新月出水,大笑以为水仙出现,其品当妙绝天下。今不可复得矣。余此画万不及子固,世亦无有好之如草窗者,是可愧也……

《文徵仲画卷》中有:

徵仲笔有神,彼美出尘垢。

……

有明唐沈仇,谈艺相先后。

……

徵仲或起予,诗古尊罍卣。

《筼江上墨兰》:

筼翁老笔见气魄,诗奇画古神鬼惊。

画兰平生仅见此,公孙妙舞同纵横。

谓学迂倪傥豪发,翁或自信人谁听。

倪尚简洁戒奔放,墨若金堕豪渊渟。

是卷墨晕涵秋冥,神龙夭矫天河倾。

精锐驰走争雷霆,能使好勇者流羞甲兵。

穷我伎俩或并立,所未及处心太平。

所南画兰不画土,馨秀孤出吾典型。

翁如有知必目笑,偕我来作三人行。

图六十五

葡萄图

纸本水墨

118.3cm×38cm

徐渭

上海博物馆藏

六月鹌鹑,夕雾家天津桥上小觅诗一金且作中金多傳道来青窗墨花

图六十六
花鸟山水册之四
纸本水墨
37.8cm×31.5cm
朱耷
1694年
上海博物馆藏

图六十七
花鸟山水册之六　纸本水墨　37.8cm×31.5cm
朱耷　1694年　上海博物馆藏

此演幽兰操，彼读离骚经。

如溯空谷登仙瀛，啖如瓜枣餐茯苓，握管与兰通性情。

《怀人诗》中有：

奇诗动似春葩吐，古隶书成乱发团。

人是人非都不问，了无人处自家看。藐翁先生

《张清仪书金篆斋，吴石潜购得，索题后嵩》中有：

藐翁吾先师，信石不信金。

《迟鸿轩呈藐翁先生》中有：

奇文诸子笔，余事八分书。

迎客屐倒着，说诗头懒梳。

《〈菊花图〉题跋》中有：

岳道人拟张孟皋用笔。

《〈梅花蒲石图〉题跋》中有：

写毕自视，颇有郁勃纵横气象，惜不能起孟皋老人观之。

《〈石榴图〉题跋》中有：

拟张孟皋笔意，形似而神违矣，奈何。

《张子祥熊》中有：

祥翁海上复见面，八十余岁颜若酡。

丹青暮年转奇特，彝鼎闲日供摩挲。

《胡横云公寿》中有：

横云画竹风雨痕，横云画石怪鸱蹲。

图六十八
搜尽奇峰打草稿图
纸本水墨
42.8cm×285.5cm
石涛
1691年
北京故宫博物院藏

泼墨黑风倒吹海,悲秋黄叶齐打门。

《待秋属题悲庵画册》:

一样秋庵抱性情,铁书风格又龙泓。
孝堂古刻嵩山拓,久已毫端见写生。
万卷奇书欲荡胸,摩崖墨气幻殷红。
春光不管花开落,假手天仙散好风。
锦绣段谁消受得,吾宗何福问前因。
踉跄读罢心花发,却笑忧天有杞人。

《赵无闷断万氏争葬地朱判》中有:

朱书千余言,霞光耀人目。
狂草如张颠,可当格言读。

《蒲作英华》中有:

蒲老竹叶大于掌,画壁古寺苍崖边。
墨汁翻衣冷犹着,天涯作客才可怜。

《任伯年颐》:

山阴行者真古狂,下笔力重金鼎扛。

忍饥惯食东坡砚,画水直劘吴淞江。
定把奇书闭户读,敢握寸莛洪钟撞。
海风欲卷怒涛入,瑶琴壁上鸣琤琳。

《伯年任子画鸡》中有:

任子下笔无点尘,梦醒宛若鸡司晨。

可见,吴昌硕不仅十分钦慕陈淳、徐渭、朱耷、石涛等人,还对赵孟坚(1199—1264)、文徵明(1470—1559)、笪重光(1623—1692)、杨岘、张孟皋(?—1860)、张熊(1803—1886)、胡公寿、赵之谦、蒲华、任颐等满怀敬意。
他从"扬州八怪"(郑燮、李鱓、李方膺、金农、高翔、汪士慎、黄慎、罗聘等人)身上同样获益匪浅。特别是李方膺(1695—1755)和金农(1687—1763)
《李晴江墨梅》:

地怪天惊见落笔,晴江画法古所无。
老梅认得华光衲,嚼花喷雪如堕珠。
偶然宰官身一现,梅边归去还跏趺。
嗜梅我亦抱奇癖,苦无来历吟呜呜。

《金昔耶墨画蔬果》：

禅语灯前粥饭，天游笔底龙蛇。
香色最宜供佛，凭渠浩劫虫沙。
下笔一尘不染，吟诗半偈能持。
想见毫端风露，拈来微笑迟迟。

在诗词中，他屡次提到众多古代名家。如唐代李思训（651—716）、李昭道、王维（701—761）、贯休（832—912）、韩幹，五代荆浩、关仝，宋代文同（1018—1079）、苏轼、郑思肖（1241—1318），元代赵孟頫（1254—1322）、黄公望（1269—1354）、倪瓒（1301—1374）、吴镇（1280—1354）、王蒙（1308—1385），明代文徵明、沈周（1427—1509）、唐寅（1470—1523）、仇英（1501—1551）等。

可以说，吴昌硕既吸收了众多古代名家的优点，也借鉴了许多同时代画家的长处，是博采众长之人。当然，说吴昌硕是一位出色的继承者并不能体现他的重要性或使人认识到其独特的贡献及成就。重要的是讲出他与古代名家乃至同时代画家的区别。

事实是，吴昌硕既是明清大写意花卉画的集大成者，也是金石大写意花卉的开拓者。

吴昌硕有哪些开拓之处呢？一是绘画题材，二是用笔、用墨、用色、构图，三是美学趣味。其中，用笔、用墨、用色、构图方法与其绘画所显露出来的美学趣味是相辅相成的——没有独特的绘画表现方法便不会有全新的美学趣味，没有特别的审美追求同样不会有绘画题材和用笔、用墨、用色、构图等方面的自觉突破和大胆尝试。

与历代文人一样，吴昌硕喜用水墨，喜欢画墨竹、墨梅、墨兰、墨菊、墨水仙、墨松、墨荷、墨葡萄等，但他并不只画这些题材，还画紫藤、南瓜、葫芦、桃子、桃花、玉兰、天竹、桂花、菜、杏花、怪石、枇杷、芭蕉、荔枝、石榴、茶花、珊瑚、芍

图六十九
荷花图
纸本水墨
98.5cm×46.1cm
吴昌硕
1886年
浙江省博物馆藏

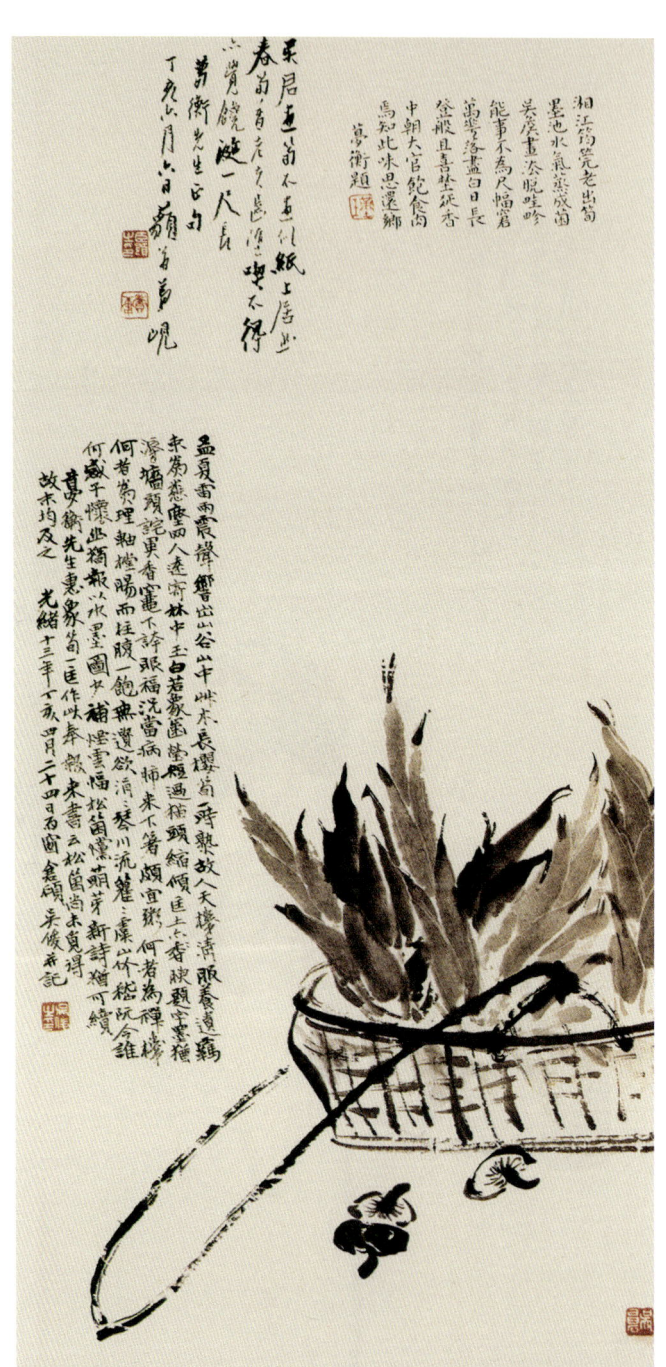

图七十
笋菇图
纸本水墨
69.5cm×33cm
吴昌硕
1887年
南京博物院藏

图七十一
紫藤图
纸本设色
132.8cm×59.6cm
吴昌硕
1903年
清华大学美术学院藏

图七十二
盆菊图
纸本设色
136.8cm × 38.2cm
吴昌硕
1904年

图七十三
墨梅图
纸本水墨
152cm × 82cm
吴昌硕
1914年

图七十四
墨荷图
纸本水墨
141.6cm×70.3cm
吴昌硕
1920年

药、凤仙、杜鹃花、枫叶、金凤花等,以及山水、(道释)人物、动物(牛、猫、螃蟹等)。最具特色的是,他画红梅、红荷及各色菊花、牡丹。题材的拓宽固然有迎合市场的意图,但无伤大雅。重要的是,题材虽有雅有俗,但吴昌硕的画并不俗。这应了一个理,"只有小题材,没有小艺术家"。对于优秀的艺术家,重要的不是画什么,而是如何画、画得如何。

二是用笔、用墨、用色、构图。

像许多文人画家,吴昌硕也以书入画。用他的话说是"直从书法演画法"。他曾说"我生平得力之处在于以作书之法作画"。深厚的篆刻、书法功底着实为他的绘画注入了非凡的金石气息。而他作画时多用篆书的笔法也是事实,"时以作篆之笔,横涂直抹,丑态毕露","以作篆之法作画,自视殊劣,奈何","以金石之笔写紫藤,涂抹尽兴"。

《挽兰丐》中有:

画与篆法可合并,深思力索一意唯孤行。

《六三园宴集,是日翦淞楼尽张予书画,游客甚盛》中有:

螺扁之法打草稿,大写忘却身将老。

《包夸伯为吴让之书兰亭》中有:

金石平生吾有癖,老从高处揖崆峒。

《述怀》中有:

金石此身谁位置,且从晞发哭苍茫。

《〈品砚图〉为石友》中有:

大聋生平嗜金石,虽处两地精神通。

《李晴江画笙伯藏》中有:

直从书法演画法,绝艺未敢谈其余。

《六月廿四日俗传为雷祖生辰,戏赋长歌,淞社题》中有:

愿乞丰隆之锤,更借我臂力,无坚不破随意刻金石。

《为诺上人画荷赋长句》中有:

离奇作画偏爱我,谓是篆籀非丹青。

《吴恪斋中丞遗画》中也有"是画是书谁领略"。

吴昌硕说:"我生平得力之处在于能以作书之法作画。且凭篆籀笔、落墨颇草。"又曰:"螺匾(篆书)之法打草稿。"表明他是用大篆石鼓文(又名"古籀"或"螺匾"或"猎碣")的结体与笔势来作画的,尤其是他的藤本花卉画,如紫藤、葫芦、葡萄等,其虬枝或花瓣之圈点都以篆籀的笔法画之,其浑古的笔力、快速的节奏、优美的韵律,都达到了"画气不画形"的化境。吴昌硕的艺术,始于篆刻和篆印,因此他长期从篆刻中磨炼而成的腕力也渗透于他的用笔之中。本来篆籀之法有一种开张拓展的笔意,如用之于大写意花卉,更具有金石的气息和浑厚高古的旨趣,故吴昌硕的花卉画,豪放洒脱,大气凛然。在花卉画的总体布局上,他也吸收了篆籀之法的结体,分朱布白,面貌一新。因此使所作的花卉画更趋于抒写情绪,也更抽象化。所以吴昌硕说:"离奇作画偏爱我,谓之篆籀非丹青",可谓指出了他花卉画的真谛。[1]

用墨、用色方面,吴昌硕更是迥异于前人,喜用浓墨和重色(彩)。像赵之谦,他吸收民间艺术用色的特点,用大红、大绿、大黄等重色。还破天荒使用西洋红。不过,吴昌硕的画色彩虽然艳,但给人感觉并不俗。究其缘由,浓墨与重色相交融,

---

[1]潘深亮主编《吴昌硕精品集》,印刷工业出版社,2012,第6页。

暗、亮相平衡。吴昌硕多用复色，即在纯色中调墨或调粉。用现代绘画的说法是"降低色彩纯度""统一色调"。

吴昌硕花卉画的构图也非常特别，多取对角、斜角。如潘天寿所言："如画梅花牡丹玉兰等布局时，不论横幅直幅，常常从左下面向右面斜上；也间有从右下面向左面斜上；它的枝叶也作斜势，左右互相穿插交叉，紧密而得对角倾斜之势。尤其欢喜画藤本植物，如紫藤、葡萄、南瓜、葫芦等等，或从上左角而至下右角，或从上右角而至下左角，奔腾飞舞，真有蛇龙失其夭矫之概。他的题款并多作长行，以增布局之气势。可说独开大写花卉画藤的新生面。"[1]独特的构图方法使得吴昌硕的花卉画更具"气势"。

三是美学趣味。吴昌硕的绘画呈现出杂、浓、艳的独特美学趣味。这种美学趣味的呈现既与用笔、用墨、用色、构图方法密不可分，亦与其独特的审美追求有关。

吴昌硕的花卉画以无人匹敌的气势重振画坛雄风。

说起"气势"，人们马上会想到五代荆浩、关仝、董源、巨然的山水画和北宋李成、范宽等人的山水画，其可谓气势撼人。然而，北宋以后的山水画家多重笔墨的韵味而不重画面的气势。所以，到清末，气势不在，妍媚工细、矫揉造作之风盛行。吴昌硕试图重振气势。不过，他不是重振山水画的气势，而是要让大写意花卉画具有气势。

吴昌硕的画极重气势。何谓绘画的气势？对于吴昌硕来说，气势当然指画面呈现出来的整体力量。这种力量是显性的，是外扩张扬的，是生机勃勃的。从气和势的单独意义看，势是外显于画面的形式，比如构图，而气是内在的，起着决定性作用。气势可谓内在与外在的高度统一。吴昌硕在诗词、书画作品的题跋中多次

---

[1]潘天寿：《回忆吴昌硕先生》（1957年1月），载刘海粟、王个簃等编著《回忆吴昌硕》，上海人民美术出版社，1986，第208-209页。

强调"气"。

《袁重黎太常遗札》中有：

名儒存道义，正气毕衣冠。

《何子贞太史书册（郑苏戡题诗于后）》中有：

唯媛叟书天下袭，鲁公骨气凌秋豪，一波一磔坚不挠。
……
但愿媛叟入梦兼鲁公，正气充塞鸿蒙中，何难绝大手笔驱蛟龙。

《勖仲熊》中有：

读书最上乘，养气亦有以。
气充可意造，学力久相倚。
荆关董巨流，其气乃不死。

《王观我画像》中有：

画中之人字观我，清气充塞鸿蒙中。
……
谈玄养气贵自我，虚假不著坚谁攻。
钩之在己鱼可得，美不老处仙无穷。
……

《吴伯涛画山水卷子》中有：

气夺迂倪放，意出清湘奇。

《答梦华先生》中有：

文章培浩气，追琢避雕华。

《赠朱埽波》中有：

世谁知大侠，剑气斗牛边。

《读潘阿寿画山水障子》中有：

生铁窥太古，剑气毫毛吐，有若白猿公，竹竿教之舞。

《沈公周书来索画梅》中有：

梦痕诗人养浩气，道我笔气齐幽燕。

《为诺上人画荷赋长句》中有：

墨池点破秋冥冥，苦铁画气不画形。

题画诗：

三年学画梅，颇具吃墨量。
醉来气益粗，吐向苔纸上。
浪贻观者笑，酒与花同酿。
法疑草圣传，气夺天池放。
能事不能名，无乃滋尤谤。
吾谓物有天，物物皆殊相。
吾谓笔有灵，笔笔皆殊状。
瘦蛟舞腕下，清气入五脏。
会当聚精神，一写梅花帐。
卧作名山游，烟云真供养。

《效八大山人画》中有：

古今画理在一贯，精气居然能感通。

孟子说："我善养吾浩然之气。"吴昌硕所言无论是"正气""骨气""浩气""清气""精气"，还是"剑气""笔气"，皆是至正、至大、至刚、至清之气。

南朝画家、理论家、评论家谢赫在《画品》一书中提出了品评绘画的六条标准,即"六法"——"一、气韵生动;二、骨法用笔;三、应物象形;四、随类赋彩;五、经营位置;六、传移模写"。六法一经提出便奠定了中国绘画理论的基础,成为中国绘画创作实践的规范,被赞"万古不移""千载不易"。"气韵生动"是六法的主旨。何谓气韵?从气和韵单独的意义出发探寻,便知气和韵的重要性,从而可以得知气韵的重要性。据史料记载,从先秦至汉魏,气一方面是一个自然本体论的概念,如有:"夫天地之气,不失其序"(《国语·周语上》)、"天有六气,降生五味,发为五色,徵为五声,淫生六疾"(《左传·昭公元年》)、"通天下一气耳"(《庄子·知北游》)等;另一方面具有伦理学和美学意义,气作为人感性存在的基本要素,如有:"人之生,气之聚也,聚则为生,散则为死"(《庄子·知北游》)、"有气则生,无气则死,生者以其气"(《管子·枢言》)、"文以气为至,气之清浊有体,不可力强而致"(曹丕《典论·论文》)、"云气也,象形"(《说文解字》,许慎释义"气")等。而据《说文解字》,韵者"和也"。

吴昌硕的绘画追求"气势"。从气韵到气势,人们可以看到中国画的现代化。气韵是含蓄收敛的,而气势是外扩张扬的。所以,吴昌硕开文人画、大写意花卉画的新纪元。

传统文人画以简、淡、雅为审美追求。吴昌硕的绘画不同于传统文人画,呈现为杂、浓、艳的全新审美情趣。对于传统文人画家而言,杂就意味着乱,浓就意味着缺乏生气(比如古人谈书法时有"墨至浓则伤其气"之说),艳便意味着俗。但吴昌硕打破了这些禁忌,其大写意花卉杂而不乱,浓而不焦,艳而不俗,可谓一道全新的亮丽风景。

图七十五

花卉册·凌霄

纸本设色

38.5cm × 41.5cm

吴昌硕

1904年

浙江省博物馆藏

图七十六

花卉册·紫藤

纸本设色

38.5cm×41.5cm

吴昌硕

1904年

浙江省博物馆藏

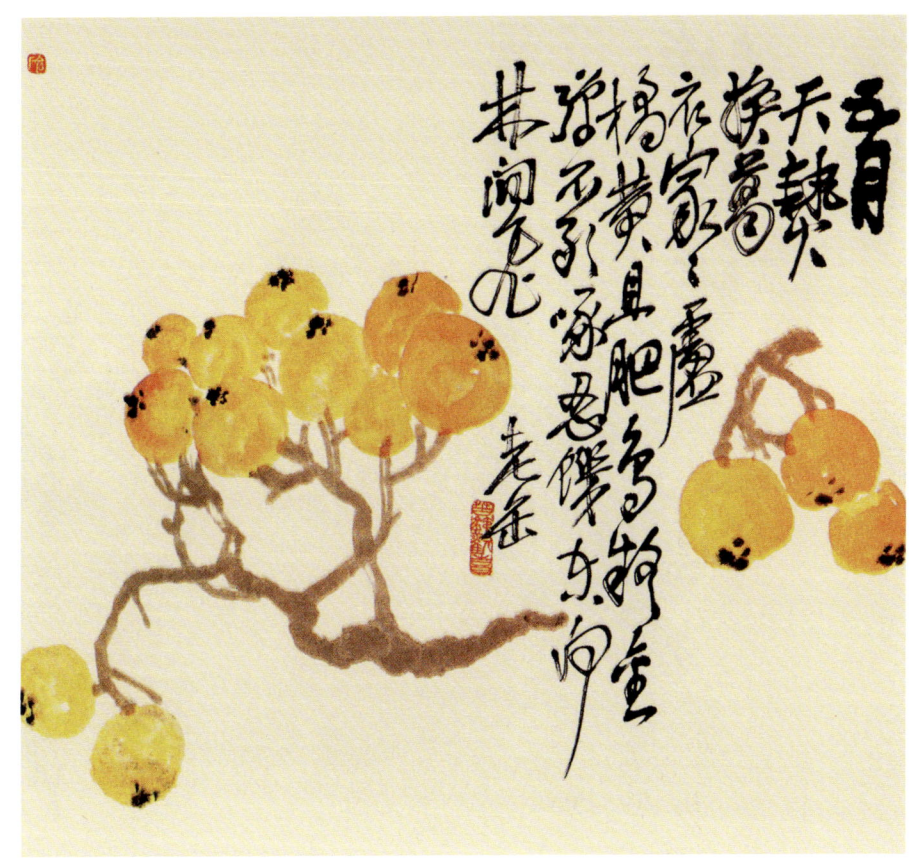

图七十七
枇杷图
纸本设色
吴昌硕

图七十八
蔬果花卉图
纸本设色
68cm×138cm
吴昌硕
1909年

图七十九
篮菊图
纸本设色
141.8cm×76.3cm
吴昌硕
1910年
南京博物院藏

图八十

牡丹图

纸本设色

137cm×63cm

吴昌硕

1910年

图八十一
秋菊瓶荷图
纸本设色
134cm×53cm
吴昌硕
1913年

图八十二
葫芦图
纸本设色
149.7cm×52cm
吴昌硕
1914年

图八十三

松石梅花图

纸本设色

101.9cm×48.2cm

吴昌硕

1914年

图八十四
瓶梅图
纸本设色
106cm×40.2cm
吴昌硕
1920年
天津人民美术出版社藏

图八十五

杏花图

纸本设色

124cm×30cm

吴昌硕

1921年

图八十六
桃石图
纸本设色
150.5cm×70cm
吴昌硕
1924年

注：海派

海派又称"上海画派"或"海上画派"，是19世纪中期至20世纪初期居于主流地位的画派之一。1843年，上海正式开埠。开埠后的上海经济迅速发展。商品经济的繁荣很大程度上促生了艺术市场并使之繁荣。对于很多以卖画为生的画家，吸引他们的自然是作品更容易出售的地方，如"传说中的上海"。由是，江浙一带乃至其他地区以卖画为生的画家纷纷前往上海发展。寓居、客居、定居上海的画家的作品有相似之处（普遍认为得益于艺术市场的影响），人们将之统称为"海派"。一般认为，海派画家善于将文人画传统与民间美术传统结合起来，开创了雅俗共赏的绘画新风。张熊、朱熊（1801—1864）、任熊、胡公寿、虚谷、赵之谦、任薰、蒲华、任颐、吴昌硕等人被视作海派的代表。

吴昌硕学作文、作诗并不比学篆刻、书法晚。但他自言"三十学诗",可见他极为谦虚。实际上,三十岁的吴昌硕作过很多首诗,已经是名副其实的"诗人"了。

汉代扬雄在《法言》中写道:"故言,心声也;书,心画也;声画形,而君子小人见矣。"

对于吴昌硕,可谓"言为心声,文如其人"。他的诗是他的"心声"。

从三十岁到去世,五十余年间他作诗无数。继诗集《缶庐诗》和《缶庐别存》后,他录1893年后至1921年所作诗,成《缶庐集》木刻本五卷。收入《缶庐诗》和《缶庐集》的诗作就有500多首。而他人生最后6年的诗作没有出版,大约有2000多首。在2500多首诗中,据李光一统计,题画诗就有800多首。倘若算上流散于民间私人藏品上的未录诗,即使和同时代诗人比,吴昌硕的诗作数量也是少见的。事实上,晚年的吴昌硕对于作诗致力颇多。

对于一个真实的人,是否遵循"诗"的规范并不重要,"诗人"的头衔也不重要,重要的是表达自己的心声。苏轼说得好:"文以达吾心,画以适吾意"(《题朱象先画后》),"论画以形似,见与儿童邻。赋诗必此诗,定非知诗人。诗画本一律,天工与清新"(《书鄢陵王主簿所画折枝》)。吴昌硕的诗真正达到了"文以达吾心,画以适吾意""天工与清新"的境界。

先看看诗友、同行对其人其诗的评价。

施浴升评论道:"吾友吴子仓硕,性孤峭,有才未遇,以薄尉待次吴下,其胸中郁勃不平之气,一皆发之于诗,尝曰:'吾诗自道性情,不知为异,又恶知同?'初为诗学王维,深入奥窔,既乃浩瀚恣肆,荡除畦畛,兴至搦笔,输泄胸臆,电激雷震,倏忽晦明,皓月在天,秋江千里,至忱深思,跃然简编。呜呼,世之学者誉合毁离,喜甘恶辛,其于仓硕诗,刺于目而棘于口,方摈仰之不遑,而仓硕独于荒江墟市之闲,抱膝长吟,悄乎以思,旷乎以放，时而兀傲，时而愁悲，凡以自达其性情，不苟合于今，亦不强希于古，所谓克自树立者殆庶几乎。"

谭献评论道："沪上逆旅，安吉吴君仓硕，倾盖如故，读所作诗歌，心目惝恍……吴君湛湛游心于古初，虽性好文字，而不欲与缘饰绮靡之流骛旦夕之名，仁兴赋诗，寄其萧寥之心、浩荡之兴而已。拨弃凡近，而体素储絜。伊昔《箧中》《极玄》二集，由此其选也。献识其幽语而思则隽，险致而声则清，如古琴瑟不谐里耳。世有牙、旷，千载遇之，若旦暮也。"

郑孝胥（1860—1938）评论道："缶庐先生诗格秀劲，比更世乱，节操凛然，近年所作，旷逸纵横，有加于昔。言为心声，岂不信哉？先生书画篆刻，名重一时，后世当列之傅青主、万年少之俦，至其诗之老而益进，譬则菊凌秋而黄、枫之经霜而丹也，此岂与寻章摘句、嘲风弄月者同日语哉？"

沈曾植（1850—1922）写道："已翁数以长笺录写近诗遗余，其诗横逸如其画，已又赠余刻本诗集，曰：'为吾序之。'……翁既多技，能摹印，书画皆为世贵尚，翁顾自喜于诗，惟余亦以为翁书画奇气发于诗，篆刻朴古自金文，其结构之华离杳渺，抑未尝无资于诗者也。顾尝拟翁诗以文太青、孙太初，太初足迹遍天下，归隐苕溪，翁出自安吉山中，仕隐徜徉，归老于海上，遭世不同，而其诗情纵放同，皆足以庄严吴兴山水。"

孙德谦（1869—1935）写道："惟先生艺术湛精，襟宇高逸，驰芬来祀，岂仅在诗……先生篆刻独长，屈曲知变，得镂蝶之法，匪自耄年；发解牛之硎，斯为神技。人间求索，搜聚一编，丁、奚诸贤，曾何足尚。先生草正疏通，取之子慎，讽周宣吾车之作，善史籀大篆之文，固已轶往跻今，升堂睹奥。若乃绕阑而玩广汉，工于传神；挥剑而来道元，助其壮气。穷烟云之态，蟠丘壑于胸。古称梁元，奄有三绝。以观先生，其殆庶乎。兹者声流异国，子云为之停舟；景写横塘，象先取以易酒。寸缣尺幅，往往环璧同珍焉……余与先生苔岑凤契，莲社同游，每诵先生诗，爱其虚籁自鸣，清标绝侣，至于孤月横笛，傲霜抚琴，老病无天，离乱回头之句，置身安地，苍茫晞发之吟。'文章自娱，颇示己志'，不在斯与？"

刘承干（1881—1963）评论道："仓硕先生之诗，三十年前固已为当世所知名矣。国变以来，乔居海上，骚人词客，翕然奉为祭酒，年高而诗日富，高古奥逸似孟云卿，清奇僻苦似孟东野。先生故精六法，其思清格老，命笔入微，亦以真画为之，类君家渔山。感时抚事，如冷云疏雨中时露电光，又类邝海雪之称张铁桥。非彼奉持唐格、以无味为淡、无戚为大无、藏用为诚者比也。尔来文武道尽，涂朱抹粉者既不足言诗，而向时之称诗者复两端携贰，朝箕颖而暮碌跖。先生怀器不试，尝以'酸寒尉'自嘲，而贞介拨俗，环堵之宫，以书画自给，岂非今日所稀耶？《缶庐诗》乱前刻者四卷，承干为续刻四卷，七十老翁神明强固，颜色如四十许人，无观河之面寿无量，诗亦无量，鄙人将操铅椠从事而无尽期也。"

沈汝瑾在校读《缶庐诗》后写道：

一卷诗冰雪，中含变徵声。
苦吟添白发，多难哭苍生。
慷慨新民气，悲凉故国情。
岂如孟东野，徒作不平鸣。

从朋友、同行的评语可以得知，吴昌硕并非随波逐流之人——篆刻、书法、花卉是，诗文亦是。"不苟合于今，亦不强希于古"，"不欲与缘饰绮靡之流骛旦夕之名"，"岂与寻章摘句、嘲风弄月者同日语哉"，是对他诗格的评价。"时而兀傲，时而愁悲，凡以自达其性情"，"寄其萧寥之心、浩荡之兴而已"，"旷逸纵横"，"横逸如其画"，"诗情纵放"，"高古奥逸似孟云卿，清奇僻苦似孟东野"，"感时抚事，如冷云疏雨中时露电光，又类邝海雪之称张铁桥。非彼奉持唐格、以无味为淡、无戚为大无、藏用为诚者比也",则是对他诗词内容、特点的精准概括。而沈曾植"书画奇气发于诗,篆刻朴古自金文,其结构之华离杳渺,抑未尝无资于诗"的见解极为精辟。的确,吴昌硕书画之奇气和篆刻结构之华离杳渺得益于诗。

吴昌硕的诗初学王维,早期诗作颇有唐诗风韵。有人认为,如将吴昌硕的早期诗作放入唐诗中,几能乱真。虽然早期诗作与晚期诗作在气势上相差十万八千里,但在"直抒胸臆,自道性情"上是一贯的。吴昌硕喜欢"借景抒情"。而在"诗中有画"这一点上,他和王维颇为相像。如《缶庐诗》卷一所录《即事》《鄣南道上》《闺思》《鄣南》《即目》。

即事

野火连天百草摧,平原落日鸟飞回。
将军军令如山重,猎骑翻从市井来。

鄣南道上

木落天气清,长涂策马行。
浮云参野色,斜谷走溪声。
树冷文殊宅,田芜晏子城。
不堪频极目,虫鸟杂悲鸣。

闺思

斜月照高楼,轻寒入绣幕。
庭院寂无人,凭栏数花落。

鄣南

九月鄣南道,家家云半扉。
日斜衣趁暖,霜重菜添肥。

地僻秋成早，人荒土著稀。

盈盈烟水阔，鸥鹭笑忘归。

即目

芜芜草色春风前，渡头老屋围溪田。

牛羊鼓腹犬高卧，唯有白鸥饥看天。

写景诗、送别诗、纪事诗、感怀诗、答谢诗、题画诗、感梦诗、怀人诗、和韵诗、哀挽诗、述怀诗、贺寿诗、赠人诗，还有一些偶成之作。通过一系列诗作，人们可以了解到吴昌硕的人生经历、心路历程以及他的志向、追求。

他在诗中提到杜甫（712—770）、韩愈（768—824）、苏轼、林逋（967—1028）、孟郊（751—814）、刘蕡、阮籍（210—263）、嵇康（223—262，一作224—263）、陶渊明（365？—427）、范蠡、刘伶、周瑜（175—210）、袁安、山涛（205—283）、韩非、庄子、荀子（前313—前238）、孔子（前551—前479）、荣启期、老子、李白（701—762）、刘邦（前256—前195）、李斯（前284—前208）、李贺（790—816）、刘长卿、李阳冰、颜真卿、黄仲则（1749—1783）、伍子胥（前559—前484）等人，表示了钦羡之情。尤其多次提到杜甫、孟郊、林逋、阮籍、嵇康、陶渊明，可见他的志向和追求。

他的诗用典较多，显而易见的如醍醐灌顶、庖丁解牛、女娲补天、精卫填海、杜鹃泣血、后羿射日、沧海桑田、公孙大娘舞剑、庄惠濠梁之辩、潜龙勿用、飞龙在天、夸父逐日、庞涓妒孙膑、塞翁失马焉知非福等。除了用典，还擅用口语，如"失路几惊穷鸟叹，踏车休笑老牛僵"（《丹阳道中》）、"魂魄动荡发肤竖，头昏目晕唇舌干"（《病中得家书，报贼退，喜而作歌》）、"人生富贵何所望，胡不遂初返故乡"（《忆昔》）、"贫不知忧好食肉，烧猪个个论肥瘠"（《哭铁老先生》）、

"柴门日午叩不响,鸡犬一屋同高眠"(《蒲作英华》)、"旅馆风飕飕,黄昏飞蝙蝠"(《看陆廉夫画〈钟馗像〉》)、"冷笑米盐招俗累,狂听牛马众人呼"(《九日寄万东园》)、"因人自觉驴技短,顾影正舞鸡鸣先"(《题水阁》),不胜枚举。吴昌硕的诗随环境、境遇、心情的变化而变化。除"纪事""借物抒情"外,他还通过诗词阐明画理,表达自己对世事、人生的看法。由于长期不得志(因生计四处奔波),情多怫郁,许多诗作读来非常沉重。如《别芜园》《病马》《忆昔》《〈饥看天图〉自题》《七十自寿》《自嘲》《述怀》《人海》。

别芜园

虚亭会百泉,破屋漏一雨。
用是名芜园,容膝欣得所。
梅竹气萧森,莓台上庭庑。
荒凉半亩宫,经营劳我父。
我父既云亡,我身委羁旅。
离声墙外禽,行色烟中橹。
饥寒驱作客,独行忘踽踽。
在昔罹烽火,乡间一焦土。
亡者四千人,生存二十五。
骨肉剩零星,流离我心苦。
至今荒山里,流毒聚豺虎。
通问无亲朋,衡茅自宾主。
高堂念游子,妻孥守蓬户。
昨归今出门,一别一寒暑。
相知定何人,茫茫向江浒。
读书愧未成,好古竟何取。
男儿好身手,何不拔剑舞。

区区谋一饱，坐受众人侮。
沧波洗两眼，豪气郁难吐。
回头望乡里，高歌聊激楚。
携家苦无力，所至辄龃龉。
何时随狙公，故山拾秋芋。

病马

病骨山棱棱，西风动拳毛。
因瘠存奇气，顾盼犹雄豪。
忆昔争战初，蹴踏千城壕。
杀贼助飞将，主帅加勋劳。
玉勒黄金鞍，千里驰旌旄。
所过如掣电，疾夺秋原雕。
功成不受赏，壮士归蓬蒿。
弃置不复问，憔悴青林皋。
即今数箭瘢，历历明秋毫。
功烈既未显，骨相凭谁描。
何当越瀚海，十月破天骄。
汗血敢自爱，为有霍嫖姚。
苜蓿春正肥，饱龁能丰饶。
重此效驰驱，漠漠风云高。
雄心犹未已，伏枥鸣萧萧。

忆昔

忆昔避贼黄茅冈，重阳无酒天为霜。
髑髅满眼大道旁，登高唯见斜阳黄。
是时厉气乘秋凉，大母卧病六尺床。
我父乞药龟山场，我母侍侧眼不遑。
一灯挂壁秋无光，西风入屋鸣枯肠。

软脚病我神凄惶，日拾橡栗难盈匡。
有妹有妹相偕行，余生十载尤匆忙。
对兹令节增烦伤，穹窿一山云低昂。
东西洞庭烟苍茫，一官饱系心彷徨。
人生富贵何所望，胡不遂初返故乡。
不然手挽强弧射天狼，使我倚天长剑生光芒。

《饥看天图》自题

造物本爱我，堕地为丈夫。
昂昂七尺躯，炯炯双青眸。
胡为二十载，日被饥来驱。
频岁涉江海，面目风尘枯。
深抱固穷节，豁达忘嗟吁。
生计仗笔砚，久久贫向隅。
典裘风雪候，割爱时卖书。
卖书犹卖田，残阙皆膏腴。
我母咬菜根，弄孙堂上娱。
我妻炊烬庑，瓮中无斗糈。
故人非绝交，到门不降舆。
见笑道旁谁，屠贩纍纍须。
闭户自斟酌，天地本蓬庐。
日月照我颜，云雾牵我裾。
信天鸟知命，人岂鸟不如。
看天且听天，愿天鉴我愚。
海内谷不熟，谁绘流民图。
天心如见怜，雨粟三辅区。
贱子饥亦得，负手游唐虞。

七十自寿

我祖我父称通儒,可怜无福授我书。
我年十七遭寇难,人亡家破滋忧虞。
甲午从军出山海,庚子干戈走而骇。
世变复见辛亥冬,热血若沸摧心胸。
胸中一尘无可容,谈诗对客仇耳聋。
寥寥四壁生秋风,卖字得钱醉一斗。
有口不饥技在手,鲁公乞米羲之鹅。
古人已别黄垆酒,我年七十老而已。
对此茫茫那足喜,殉利殉名两不取。
能读父书在此耳,老妇六十又加六。
骨里鸡皮发鸱秃,我寿为我制新鞋。
福履绥之颂辞祝,两儿废学无一能。
卅载视等麒麟禽,老天若再假我年。
麒麟或见飞上天,坐观太平双眼悬。

自嘲

面纱骨峻嶒,榆关立马曾。
穹庐天覆我,酒盏寿为朋。
碑礼乡三老,粮储墨数升。
不除湖海气,谁识古陈登。

述怀

衰年闷损不行乐,一屋空嗟类野航。
竹粉白随云影堕,涧流纡带草痕香。
病狂竟使乾坤醉,得句徒生笠屐光。
金石此身谁位置,且从晞发哭苍茫。

人海

人海求高隐,看云抵翠微。
缚亭孤月抱,横笛野梅飞。
梦安书为枕,凉生葛制衣。
严陵比风格,只欠钓鱼矶。

吴昌硕非常善于将诗与绘画、篆刻融合起来,"他常用诗歌来题画,用诗来描写山水景物和篆刻作品的边跋题记,以诗来深化作品主题或寄托深意,抒发自己的感触和抱负,或是以诗来评赞前圣的艺术创作等。他的题画诗、题印诗,常能达到'诗中有画''画中有诗''印中有诗'的境界,他是把诗与绘画或印章紧密地融合在一起的高手"[1]。如《题〈牡丹〉》《题〈朱菊〉》《题〈红梅、水仙、石头〉》《题〈幽兰〉》《〈吴昌硕大聋〉边款诗》《题〈兰〉》。

牡丹

酸寒一尉出无车,身闲乃画富贵花。
燕支用尽少钱买,呼婢乞向邻家娃。

朱菊

秋色映朝霞,篱边斗大花。
餐英能益寿,根下有丹砂。

三友

梅花彩霞光,水仙苍玉色。
东风开南轩,坐以赏元日。

---

[1]刘江:《吴昌硕篆刻艺术研究》,西泠印社,1995、第36页。

谁谓石头硕，胜景非其匹。
大块春蓬蓬，容我一官虱。

幽兰

临模石鼓琅玡笔，戏为幽兰一写真。
中有离骚千古意，不须携去赛钱神。

《吴昌硕大聋》边款诗

病余人比还魂鹤，弦断秋横涩指琴。
聋且为鳏殊耐老，醉能逢蝶亦无心。
闰年谶忍黄杨厄，饮墨碑疑碧落寻。
事往如烟愁似织，短檠长剑夜深深。

兰

兰生空谷无人护，荆棘纵横塞行路。
幽芳憔悴风雨中，花神独与山鬼语。
紫茎绿叶绝世姿，湘累不咏谁得知。
当门欲种恐锄去，王者香贵其非时。

除了作诗，吴昌硕也作文。但比起诗作，文章写得并不多，大多是序跋、考证和题画小品。或许是由于经常作诗的缘故，文章（主要是短文）写得十分凝练。与诗作的"旷逸纵横"不同，短文明白晓畅，清新朴实。一系列题画诗的"题记"尤其能体现这一点。

近人画梅多师冬心、松壶，予与两家笔不相近，以作篆之法写之，师造化也。瘦蛟冻虬，蜿蜒纸上，公周见此，必大笑曰："非狂奴，安得有此手段？"（《沈公周书来索画梅》）

"予欲写《吟诗图》，谓必极天下枯寂寒瘦之景，方能入妙，苦无稿本。丁亥初冬,寓黄歇浦上,夜漏三下,妻儿俱睡熟,老屋中一灯荧然,光淡欲灭,缺口瓦瓶养经霜残菊,憔悴如病夫,窗外落叶杂雨声潇潇,倏响倏止,可谓极天下枯寂寒瘦之景,才称酸寒尉拥鼻微吟佳句欲来时也。即景写图,不堪示长安车马客,远寄素心人,共此清况……"

佛经有五色莲花,青黄赤白,犹具色相,故予画荷皆泼墨,水气漾泱,取法雪个。诺公,桑门之好古者,定能求之象外。(《为诺上人画荷赋长句》)

画红梅,要得古逸苍冷之趣,否则与夭桃秾李相去几何。一落凡艳,罗浮仙岂不笑人唐突。(《巨幅红梅》)

己丑除夕,闭门守岁,呵冻作画自娱。凡岁朝图多画牡丹,以富贵名也。予穷居海上,一官如虱,富贵花必不相称,故写梅,取有出世姿;写菊,取有傲霜骨。读书短檠,我家长物也。此是缶庐中冷淡生活。(《红梅菊花灯岁朝图》)

山居冬日早起,呼童锄数把下饭,齿颊清寒,有霜露气。比来海上,卖菜佣隔夜以水浸之,大失真味,令人欲不思乡,得乎?(《菜》)

"画牡丹易俗,水仙易琐碎,惟佐以石,可免二病。石不在玲珑在奇古。人笑曰:此仓石居士自写照也……"

梅根入石,枝干坚瘦,石得梅而益奇,梅得石而愈清,两相借也。于是知君子贵得益友,不可孤立。(《老梅怪石》)

"除夕不寐,挑灯待晓,命儿子检残书,试以难字,征一年所学,煮百合充腹。百合一名摩罗春,白花者根如玉莲花,食之益人肺胃,胜屠苏酒十倍也。雄鸡乱啼,残腊将尽。亟呵冻写图,吟小诗纪事。诗成,晨光入牖,爆竹声砰然,狐裘貂冠客挟刺贺新年,舆马过门矣……"

八大真迹世不多见,予于友人处假得玉簪花一帧,用墨极苍润,笔如金刚杵,绝可爱。临三四过,略有合处,作长歌纪之。越数日,有寄山人巨幅来售,一石苔封云绉,横立如钩矶,上栖数鸟,下两游鱼,神气生动,草书一绝:"到此偏怜憔悴人,缘何花下两三句。定昆池在鱼儿放,木芍药开金马春。"殆是国变后所作。山人本胜国石城府王孙,故诗意凄惋如是,神化奇横,不可模效,较前画尤胜也。索直甚奢,阮囊空空不能得,并记于此,作过眼云烟看。(《效八大山人画》)

"兰生空谷,荆棘蒙之,麋鹿践之,与众草伍。及贮以古瓷斗,养以绮石,沃以苦茗,居然国香矣。花之遇不遇如此,况人乎哉?朱柰实大如瓯,清芬袭人,摘一头同兰供几上,真耐冷交也。人见此画,有笑我寒乞相者,题诗自解……"

"红梅、水仙、石头,吾谓之三友,静中相对,无势利心,无机械心,形迹两忘,超然尘垢之外。世有此嘉客,焉得不揖之上坐。和碧调丹,以写其真,歌雅什以赠之……"

可见吴昌硕的文章写得一点也不做作、拗口,可谓朴实无华。尽管在《〈缶庐诗〉自序》和《〈缶庐别存〉自序》中表达了谦虚之情,但他作诗作文一点也不拘谨。相反,他"诗情纵放",其诗"旷逸纵横",其文朴实无华,展现了豪迈、朴实的力量。像篆刻、书画在清末民初艺坛独领风骚,其诗文亦独具一格。

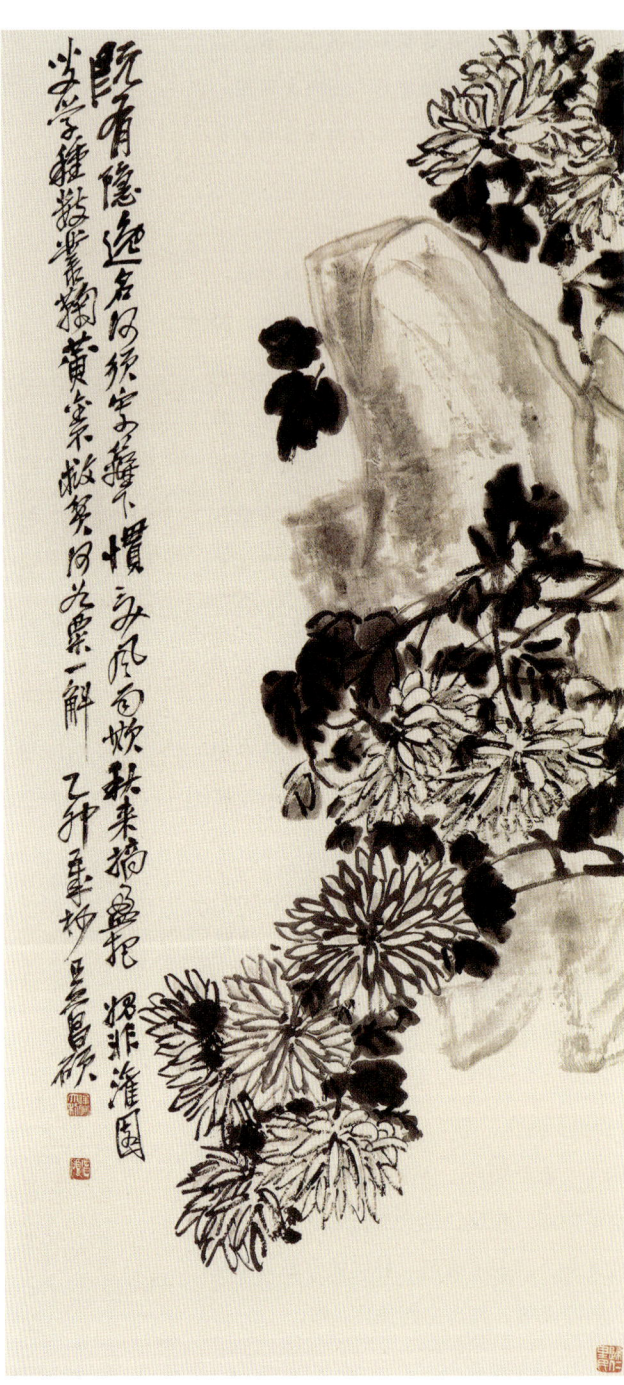

图八十七
墨菊图
纸本水墨
107.2cm×50.7cm
吴昌硕
1915年

图八十八
三不朽图
纸本设色
106.5cm×38cm
吴昌硕
1918年

图八十九
山茶图
纸本设色
137cm×68cm
吴昌硕
1918年

图九十
梅花天竹图
纸本设色
126.3cm × 51cm
吴昌硕
1920年

图九十一

山水图

纸本水墨

163.5cm×63.5cm

吴昌硕

1921年

后世评价
Comments from Later Generations

吴昌硕不是以文成名的，也没中过进士、做过大官。他而立之年后便试图靠卖艺维持生计，所以很多人视其为职业艺术家。但是，没有被当时的文坛认可或被世人看作诗人并不意味着吴昌硕不是文人。从各方面的造诣看，他是名副其实的文人。

今人以缶庐画列入"海派"，而所谓海派的特征，则是"市民"画，乃至注重"经济效益"等等。以此论缶庐画，可说全不相应。他作画所追求的，是自抒胸臆、自写精神，最反对的则是媚俗。至于后来其画为东瀛人士所激赏，润笔甚丰，俨然成富家翁，则是不期之遇，非始料之所及。他的精神意趣，全是文人形态。文人所最在意的，即是一"雅"字。雅的前提是"通文墨"或有"卷轴气"，而雅的极致则是善葆性真，任天机自然之动。[1]

"海派"是19世纪中期至20世纪初期居于主流地位的画派。人们一致认为，海派画家将文人画传统与民间美术传统结合了起来，开创了雅俗共赏的绘画新风貌。吴昌硕被看作晚期海派（后海派）巨擘。然而，将吴昌硕简单纳入海派实际低估了他的贡献、成就。因为吴昌硕的篆刻、书法、诗词并非其绘画的陪衬、点缀。他在印、书、画、诗四体的综合成就是冠绝古今的。文人画家是传统的称呼，我们应称他为文人艺术家。

吴昌硕是中国艺术史中极为独特的个案。将其与古代和同时代的文人略做比较，便可见他的分量。与古代的文人相比，古代文人大都以文著称，兼及琴棋书画，比如"竹林七贤"（嵇康、阮籍、山涛、向秀、刘伶、王戎、阮咸），元代赵孟頫和王冕（1287—1359），明代徐渭。嵇康以文著称，同时精通书法、音乐等；赵孟頫在文学、音乐、书画方面都有很高的修养，以书画

---

[1] 严寿澂：《缶庐题画诗论衡》，载吴昌硕著《吴昌硕诗集》，华东师范大学出版社，2009，第426页。

著称于世——据说他的印章，篆文和章法自己设计，工人代刻；王冕自己动手刻印，篆刻才真正与画、诗、书并立，成为文人画的构成要件；徐渭修养广博，除擅长诗文、书画外，还精通民间戏曲以及军事。吴昌硕虽然不擅音乐等，但印、书、画、诗皆精。像他一样全面，在篆刻、书法、绘画、诗词方面皆有贡献且成就颇高的文人，同样找不出第二人。特别在金石（篆刻）方面的成就，"远迈前辈，不可一世"，堪称巨匠。

吴昌硕是一条大河。其艺术实践不仅能沟通东西艺术，而且蕴藏着丰富的"水能"。

近世各国艺术潮流，无不倾向于脱离窠臼、直抒情感之途……中国普通画家多墨守师承，鲜有能发抒胸臆者，独昌硕能奔驰放佚，以近时的世界眼光观之，诚与世界潮流不期而合。[1]

朱应鹏所言甚是。对于我们的艺术家，既要以世界眼光观之，也要从创造的维度考察之。从世界看中国，方能发现我们固有艺术的长处；从创造的维度考察古今艺术家，方能发现真正有价值的艺术实践。可以说，我们并不缺现代性艺术，缺的是发现的眼光。

显然，吴昌硕耕植的是一片茂密的森林。人们需要走进他的森林并驻足欣赏参天大树及花花草草。然而，吴昌硕的艺术森林不是一时半会能穿越的，因为其广而深。

---

[1]《诸家评吴昌硕书画》，载吴昌硕著，吴东迈编《吴昌硕谈艺录》，浙江人民美术出版社，2017，第268-269页。

图九十二

钟馗图

纸本设色

99cm×39.5cm

吴昌硕

1893年

图九十三
夜读图
纸本水墨
106.3cm × 40.3cm
吴昌硕
1908年

吴昌硕并非教书先生，但他的弟子或受他影响的书画家众多，且个个面貌迥异。真可谓名师出高徒。

唐朝名士萧颖士（717—768）平生提携后进，不遗余力。吴昌硕曾感叹"世无萧颖士"。他像萧颖士一样提携后进，不遗余力。

受他直接或间接影响的高徒有陈半丁（1876—1970）、赵子云（1874—1955）、陈师曾（1876—1923）、王一亭、徐星洲（1853—1925）、赵古泥（1874—1933）、王梦白（1888—1934）、李苦李（1877—1929）、朱复戡（1900—1989）、诸闻韵（1895—1939）、诸乐三（1902—1984）、吴茀之（1900—1977）、潘天寿、钱瘦铁（1897—1967）、王个簃、沙孟海、齐白石（1864—1957）、梅兰芳（1894—1961）、朱屺瞻（1892—1996）、刘海粟（1896—1994）等。其中数陈师曾、潘天寿、齐白石、刘海粟成就高，影响大。

陈师曾，名衡恪，号朽道人、槐堂，湖南凤凰人。不仅是成就卓著的艺术家，还是出色的艺术教育家和艺术史家。

潘天寿，原名天授，字大颐，号阿寿等，浙江宁海人。著名国画家、书法家、篆刻家、鉴定家、艺术教育家、艺术史家。

齐白石，原名纯芝，字渭青，后改名璜，字濒生，号白石，别号借山吟馆主者、寄萍堂上老人等，湖南湘潭人。中国画大师。

刘海粟，名槃，字季芳，号海翁，江苏常州人。现代杰出艺术家、艺术教育家。

关于陈师曾拜吴昌硕为师的时间，尚存争议。但确定的是，陈师曾的确随吴昌硕学过画，并且很受其赏识。

潘天寿受过吴昌硕的直接鼓励、点拨。有一次他向吴昌硕求教，吴昌硕还特地写了一幅集古诗句的篆书对联送给他。对联的上联是："天惊地怪见落笔"，下联是："巷语街谈总入诗。"上联谈作画，下联谈作诗。从这幅对联可以得知，吴昌硕作画极重落笔（用笔）——落笔（用笔）可以说是他的绘画具有"气势"的关键，作诗则主张从现实生活出发、入手。还有一次，潘天寿画了一幅山水画，自己觉得还满意，就拿给吴昌硕看。吴昌硕看了以后只是说好。但当晚写了一首长古。第二天早晨叫老友诸闻韵带交给潘天寿。

《读潘阿寿画山水障子》：

龙湫飞瀑雁荡云，石梁气脉通氤氲，久久气与木石斗，无墨碍处生阿寿。寿何状兮颀而长，年仅弱冠才斗量，若非农圃并学须争强，安得园菜果蔬助米粮。生铁窥太古，剑气毫毛吐，有若白猿公，竹竿教之舞。昨见画人画一山，铁船寒壑飞仙湍，直欲武家林畔筑一关，荷蕢沮溺相挤攀。相挤攀，靡不可，走入少室峰，蟾蜍太么麽，遇着吴刚刚是我。我诗所说疑荒唐，读者试问倪吴黄。只恐荆棘丛中行太速，一跌须防堕深谷，寿乎寿乎愁尔独。

"只恐荆棘丛中行太速，一跌须防堕深谷，寿乎寿乎愁尔独"，这是非常坦诚的劝诫。用潘天寿自己的话说："诗里的内容，可说与平时不同，戒勉重于褒奖。在此也知道昌硕先生对于研究学术的态度，极重循序渐进，不主冒险速成。"

齐白石虽然没有拜吴昌硕为师或与其交往过，但他的画风受吴昌硕的影响很大。

齐白石十分钦慕吴昌硕。他有诗云：

青藤雪个远凡胎，老缶衰年别有才。我欲九原为走狗，三家门下转轮来。

刘海粟在回忆吴昌硕时写道：

二十年代初，昌老看了我的油画《言子墓》，便说："你的洋画有吴仲圭和沈石田风味，我劝你洋画莫丢手，还要画好中国画！"我听了之后，十分感动。为了鼓励我学国画，他还讲起自己学画的经历，来给我增加勇气……昌老学画的经历给了我启示，我除了作油画外，还认真练习中国画，到一九二四年，创作了国画《言子墓》,送去向昌老请教。昌老眯起眼睛,将画从上到下看了几个来回,嘴里不知低吟着什么古诗。我的心忐忑不安,深悔不该将这样不成熟的习作来麻烦老先生。不料,老先生揭开砚台盖后,认真地对我说:"很好,一点也不落俗套!"接着,题了两行字:"吴中文学传千古,海色天光拜墓门。云水高寒,天风瑟瑟,海粟画此,有神助耶?""神助",无非说笔墨较为圆熟。我听了很不安地说:"我不会画,竹子的层次就没有处理好。"老人眯起双眼笑了:"海粟,这张画好就好在你不会画!许多人画不好,就因为太会画,总是套用陈法,熟到甜媚俗气的程度!"[1]

图九十四
吴昌硕与日本人河井仙郎(左一)、其子吴涵(右一)合影 1909年

[1]刘海粟:《回忆吴昌硕》,载刘海粟、王个簃等编著《回忆吴昌硕》,上海人民美术出版社,1986,第221—222页。

吴昌硕的影响不局限于国内，还远及日本、朝鲜、东南亚、欧美。他在日本极受推崇。日本人河井仙郎（1871—1945，原名得，号荃庐、荃卢等，日本京都人）、长尾雨山（1864—1942，本名甲，字子生，号石隐，日本赞岐高松人）、水野疏梅（1864—1921，名元直，号疏梅，日本福冈人）等人是他的高徒。他曾为朝鲜人闵泳翊（1860—1914）刻印300多方，交情甚深。

结语
Epilogue

在相同的境遇下，不同的人会有不同的命运。

改变命运不易，但也并非绝无可能。吴昌硕的一生是同自己的境遇搏斗的一生。

鸦片战争、太平天国运动、洋务运动、甲午战争、戊戌变法、义和团运动、辛亥革命、新文化运动……时代瞬息万变。吴昌硕是目睹者之一。表面上看，他并非参与者（融入社会变革大潮的人），实际上他是用自己的眼睛认识世界，用自己的刻刀、画笔参与世界的人。除了亲历太平天国运动、参与甲午战争，他对其他的社会运动（一系列革命）似乎都持冷眼旁观的态度。由是，可以说，真实的吴昌硕是一个显得与其所处的时代格格不入的人。有些人认为这是他的局限，但其恰恰使吴昌硕成其为吴昌硕。与同时代的"弄潮儿"相比，吴昌硕没有敏感的政治嗅觉，所以成不了社会运动家，注定成为艺术家。

齐白石自嘲诗下注说："吴缶庐常与吾之友人语曰：'小技拾人者则易，创造者则难。欲自立成家，至少辛苦半世；拾者至多半年，可得皮毛也。'"吴昌硕说出了大师们的从艺心得。的确，做空头艺术家容易，成为有创造力的艺术家非常困难，想要自立成家，至少得辛苦半世。看看当今的艺术家，多拾技得皮毛者，少自立成家者。

陈师曾评吴昌硕的绘画道："近时吴缶翁昌硕，画名震于海内外，其初受法于任伯年，后乃出入于青藤、雪个、白阳、复堂诸家，亦扬州八怪之后，不守绳墨者。而设色秾丽，盖从扐叔得来。但扐叔尚取姿媚，缶翁则苍古出之，秾丽即寓于苍古之中，其刺激感情之强度，可与近世西洋印象派相类，即可谓之中国画之印象派矣。"印象派是西方现代艺术的先声，可否将"海派"视为中国现代艺术的先声呢？完全可以。而倘若将海派视为中国现代艺术的先声，那么可以将吴昌硕看作"中国现代绘画之父"。

吴昌硕之于中国绘画好比塞尚之于西方绘画。为什么不是赵之谦、任颐等人而是吴昌硕？因为吴昌硕明确提出"活泼泼地饶精神,古人为宾我为主"(《天池画、覃豁题,一亭并临之,索赋》)、"不似之似聊象形"(《蒿盦冯先生索画梅》)、"画之所贵贵存我"(《沈公周书来索画梅》)、"苦铁画气不画形"(《为诺上人画荷赋长句》)等主张。他的绘画具有"现代性"——杂、浓、艳的全新审美情趣既是时代精神的彰显,也是艺术家个性得以强化的证明。

图九十五
菊石图
纸本设色
136cm×66cm
吴昌硕
1915年

图九十六
栗里高风图
纸本设色
150.8cm×81.4cm
吴昌硕
1917年

吴昌硕年谱
Chronicle of Wu's Life

1844年（清·道光二十四年 甲辰）1岁

9月12日（农历八月初一）生于浙江安吉鄣吴村。父亲吴辛甲时年24岁。

1845年（清·道光二十五年 乙巳）2岁

1846年（清·道光二十六年 丙午）3岁

1847年（清·道光二十七年 丁未）4岁

父亲吴辛甲教其识字。

1848年（清·道光二十八年 戊申）5岁

1849年（清·道光二十九年 己酉）6岁

1850年（清·道光三十年 庚戌）7岁

入吴氏家塾——"溪南静室"读书。

1851年（清·咸丰元年 辛亥）8岁

1852年（清·咸丰二年 壬子）9岁

入邻村私塾读书。

1853年（清·咸丰三年 癸丑）10岁

1854年（清·咸丰四年 甲寅）11岁

1855年（清·咸丰五年 乙卯）12岁

1856年（清·咸丰六年 丙辰）13岁

1857年（清·咸丰七年 丁巳）14岁

受父亲吴辛甲影响，爱上刻印。

1858年（清·咸丰八年 戊午）15岁

1859年（清·咸丰九年 己未）16岁

1860年（清·咸丰十年 庚申）17岁

太平军攻占浙江安吉、孝丰等地。清兵与太平军交战。开始随父亲流亡。

1861年（清·咸丰十一年 辛酉）18岁

随父亲流亡至孝丰东乡半山，后被乱兵冲散，只身流落他乡。

1862年（清·同治元年 壬戌）19岁

三月，归家省亲，得知未婚妻章氏已殁。七月，母亲万氏病逝。

1863年（清·同治二年 癸亥） 20岁

流亡于安徽、湖北。

1864年（清·同治三年 甲子） 21岁

找到父亲。太平军撤出安吉、孝丰等地。中秋节和父亲回到家乡。[祖母严氏、母亲万氏、弟弟祥卿、妹妹（佚名）、未婚妻章氏死于天灾人祸。]一家人只剩其和父亲。

1865年（清·同治四年 乙丑） 22岁

父亲续娶杨氏。一家三口移居安吉城中，开辟"芜园"。秋，安吉县补考庚申科秀才，在父亲和学官潘芝畦的督促下，前往应试，考中秀才。结识施浴升、朱正初、钱铁梅等诗友、书友及画友。

1866年（清·同治五年 丙寅） 23岁

随施浴升学诗。继续学习篆刻、书法。尤好金石学。

1867年（清·同治六年 丁卯） 24岁

1868年（清·同治七年 戊辰） 25岁

父亲病逝。第一次前往湖州，结识颜文采。

1869年（清·同治八年 己巳） 26岁

前往杭州"诂经精舍"，向俞樾学习金石训诂、诗词及书法近一年。

1870年（清·同治九年 庚午） 27岁

回到安吉城中。以教私塾和替人代笔为生，人称"芎圃先生"。

1871年（清·同治十年 辛未） 28岁

编成《朴巢印存》（谱中有朱文印《心田存一点》，边款为"辛未夏六月"）。前往嘉兴，作客杜文澜曼陀罗斋，结识吴云、沈秉成、潘祖荫、周闲、蒲华等。

1872年（清·同治十一年 壬申） 29岁

娶施酒为妻。（婚后不久便离家，辗转于杭州、上海、苏州等地。）在菱湖镇岳家小住，结识吴山。随金杰前往上海，结识高邕。前往苏州，于吴云、潘祖荫等收藏家处见到许多历代鼎彝和名人书画。结识张熊。刻《金彭》《寿伯》《寄驻西湖近六桥》《子祥父》等印。

1873年（清·同治十二年 癸酉）30岁

长子育（字半仓，乳名福儿）出生。师从潘芝畦学画梅。再度前往杭州"诂经精舍"学习，结识吴伯滔。刻《吴俊长寿》《苍石父》《苍石》等印。

1874年（清·同治十三年 甲戌）31岁

秋，前往嘉兴，为杜文澜幕僚。经施浴升介绍结识金铁老，金劝其学诗并教其鉴识古器的方法，由是喜欢上缶，自署曰"缶"。刻《井公》《癖斯》《骑虾人》《吴郎》《生于甲辰》《藉以排遣》《武陵人》《竹谿沈均》《琀字笈丽》《吴穀祥》《笙鱼》《查仙》《俛青》《杜氏棕枇花》《安吉吴俊长寿日利印》等印。作诗题《虚舟纵浪图》。编近两年所刻印章成《苍石斋篆印》。

1875年（清·光绪元年 乙亥）32岁

前往湖州陆心源家做司账，有幸协助陆整理文物。期间前往杭州参加科考，未中。编成第一本诗集《红木瓜馆初草》（诗稿手抄本）。开始钟情古器。随杜文澜前往扬州，结交凌霞。刻《喜陶之印》、《太邱长五十六世孙》、《吴廷康印·康父》（两面印）、《既寿》、《庸斋》、《缶记》（楷书印）、《推十合一之居》等印。

1876年（清·光绪二年 丙子）33岁

仍为陆心源家司账。次子涵（字子茹，乳名湖儿，谐音壶儿、阿壶）出生。刻《吴俊之印》《道在瓦甓》《安吉》《子宽》《程云驹字季良号子宽》《子宽又号杰之》《漂阳程云驹长寿日利》《程云驹》《云驹书画》《子宽鉴定》《子宽眼福》《子宽持赠》《程氏季良》等印。

1877年（清·光绪三年 丁丑）34岁

前往菱湖小住，与吴石（瘦绿）论文谈诗，并向之请教书法和篆刻。刻《秋樵涂雅》、《俊卿之印·仓硕》（两面印）、《俊卿私印》等印。编成《齐云馆印谱》（自署"吴俊昌石著"）和《红木瓜馆初草》（存最早诗篇六十余首）。现存最早画作作于此年。

1878年（清·光绪四年 戊寅）35岁

往来于湖州、菱州、安吉等地。刻《学勤》《学源言事》《试为名花一写真》《楚狂后裔》《李淓印信长寿》等印。

1879年（清·光绪五年 己卯）36岁

作客吴兴金杰寓所。前往杭州、湖州等地。刻《人生只合住湖州》、《一狐之白》、《阿寿手痕》、《金彭年印·寿伯》（两面印）、《苍石》、《缶庐·芜青亭长饭青芜室主人》（两面印）、《镏泽序》、《钟善廉》、《三芝流览》等印。编成《篆云轩印存》并携其向俞樾求教，俞欣然题辞。作《刻印偶成》等诗。

1880年（清·光绪六年 庚辰）37岁

前往苏州。寄寓吴云两罍轩。期间前往丹阳、镇江等地。拿《篆云轩印存》向吴云请教，吴云为之删削，更名为《削觚庐印存》。向杨岘求教诗文，欲拜其为师，未成。结识吴秋农、金心兰、顾茶村、胡三桥、方浚益等。刻《铁函山馆》《美意延年》《仓硕》《归装万卷》《愉庭审定》《愉庭心赏》《长乐无极老复丁》《陶斋》《苍趣》《周作镕印》《方濬益印》《福昌长寿》《枳庵》《古印山房鉴藏》《冷香馆主》《爱己之钩》《施曜庚印》《星衢一字小普》《吴家杭印》《俊卿印信》《中复》《乌程吴均元嵩长寿》《安吉吴俊章》《削觚》《迟鸿轩主》《两罍轩》等印。作《冷香图》等。作《与铁老话旧》《坐雨和铁老》等诗。

1881年（清·光绪七年 辛巳）38岁

仍居吴云两罍轩。春，前往嘉兴，同杜楚生（连章）、沈养和（涵）泛舟南湖。作《辛巳纪事》《别芜园》等诗。刻《频江》《频将》《山如》《南园耕读人家》《榖羊书画》《化度书楼》

《穀羊临古》《壶客》《汤泉小筑》《汤泉小筑》《沆钟堂》《汪鸣銮印》等印。编近年篆刻作品成《铁函山馆印存》。冬，改作《刻印》诗。

1882年（清·光绪八年 壬午）39岁

春，接继母、妻子、儿子到苏州，正式寓居苏州。四月，书"道在瓦甓"四字赠金杰，金回赠古缶，遂以"缶庐"为号。前往菱州，与吴瘦绿讨论篆刻。贴出第一份润格。在朋友（吴云等人）的举荐下谋了个"佐贰"的差使。前往虞山游玩，结识沈汝瑾，得明拓《石鼓文》。刻《铁梅氏藏江宁金石文字之印》《铁耕楼》《铁研斋》《染于仓》《春蚓秋蛇》《作镕印信》《天下伤心男子》《缶庐》《缶庐主》《抱员天》《能亦丑》《沈藻卿》《沈翰之印》《臣显》《古匋唐氏》《十水五石》《云壶临古》《二林先生同日生》《既寿》《亢树滋印》《秦云》《籀书誃》《亢树兹印》《家近烟雨楼》《松叟画隐》《沈翰之印》《今年政七十邪》《古羊》《八竟十专之室》《其安易持》《归仁里民》《樵风家世》等印。编近年篆刻作品成《秋绿吟馆印汇》。跋《石鼓文》（拓本）。书《篆书五言诗卷》《行草书七言诗二首纨扇》等。

1883年（清·光绪九年 癸未）40岁

元月，因公赴津沽（天津大沽口），在上海候轮时经高邕介绍认识任颐，二人一见如故。（任颐为之画像，杨岘署《芜青亭长像》。）在析津（大兴）结识杨香吟。三月，返回上海，与虚谷、任薰订交。经吴瘦羊介绍，在苏州结识潘郑庵，有幸观看潘所藏鼎彝及名家书画手迹。得《散氏盘》拓本。刻《昌石所得》《湖州安吉县门与白云齐》《张熊之印》《毅心听》《得者宝之》《雷浚》《郑文焯印》《甘谿》《廖天一》《沈均将印》《均将私印》《白苗生》《年开八十》《君宜高官》《绥若安求晏如复朽》《黄中陶鉴藏书画之印》等印。《削觚庐印存》第一种完成。（《削觚庐印存》版本各异，相同者极少。）自此肯以画示人。

1884年（清·光绪十年 甲申）41岁

经金道坚介绍，请王竹君在苏州寓所为两子授课。迁居西亩巷之四闲楼。购得《和平四年造署舍记》（刻石）拓本及《孝禹碑》拓本。作《感梦》诗一首。刻《禅甓轩》、《吴俊长寿》、《苦铁》、《常复》、《吾非狂生》、《还砚堂》、《中陶珍秘》、《伯年》、《宝书》、《寄鱼》、《日利千金》、《媚公》、《瞎涂》、《终日弄石》、《明道若昧》、《大壶》、《秀水沈卫淇泉氏之章》、《鹤心》、《沈瀚金石书画之章》、《沈伯云所得金石书画》、《瘦碧闇所得金石文字印》、《狂心未歇》、《邕之》、《墙有耳》、《十亩园丁五湖印匄》、《郑文焯》、《瘦碧》、《梅花手段》、《缶道人》、《西泠字匄》《问叔》、《文焯私印》、《琅琊费氏》、《泉广黄世本印信长寿》、《冯煦之印》、《念蕗审定》、《半仓》、《西蠡》、《西蠡所藏》、《锲而不舍》、《仁和高邕》（朱文）、《庚戌邕之》、《高邕之》、《仁和高邕》（白文）、《吴育半仓》等印。书《篆书"去思图"额》等。跋《董其昌杂临各家书册》等。杨岘为《削觚庐印存》（四卷）题辞。约于本年结识朝鲜避难政要闵泳翊。

1885年（清·光绪十一年 乙酉）42岁

与林海如（福昌）同在吴云家中设馆。于苏州获"大贵昌"砖。作《怀人诗》17首，念金树本、杨岘、张行孚、施浴升、朱正初、施为、潘瘦羊等17位师友。编近作诗成《元盖寓庐诗集》。游邓尉、虎丘、嘉定等地。刻《沈翰》、《甓禅》、《食古斋》、《暴书廧》、《念莞》、《壶园寓公》、《汝穆私印》、《琅琊费氏》、《汝穆》、《缶庐》、《显亭长》、《费押》、《伯逵》、《季仙》、《作镕印信》、《瑕东客》、《葆宸私印》、《吴俊卿信印大利长寿》、《乙酉四月并刻旧作》、《小水云》、《仁和高邕》（白文）、《仁和高邕之》、《乙酉改号孟悔》、《苦铁无恙》、《不雄成》、《隅积》、《吴育之印·半仓》、《笔补造化天无功》、《惟陈言之务去》、《与陈留蔡江都李同名》（朱文）、《传经阁藏书印》、《传经阁》、《安吉吴俊章》、《昌硕》、《仓石》、《苦铁欢喜》、《群众未具》、《一目之罗》、《五湖印丐》、《还砚堂收藏金石书画》、《千里之路不可扶以绳》、《与陈留蔡江都李同名》（白文）、《费君直审定金石文字》、《山阴沈庆龄印信长寿》、《高邕之》、《沈世美印》、《窥生铁》、《强其骨》、《魁父》、《鹤寿》等印。为《公方碑》题诗。施浴升为《削觚庐印存》题诗。

1886年（清·光绪十二年 丙戌）43岁

居苏州。正月，三子迈（字东迈，乳名苏儿）出生。春，沈汝瑾自虞山寄赠象笋，作诗致谢。十一月，前往上海，任颐为其作《饥看天图》。作《十二友诗》。潘瘦羊赠《石鼓文精拓》。金树本逝世。刻《安吉吴俊昌石》、《天下伤心男子》（朱文）、《天下伤心男子》（白文）、《孙濑石》、《邕之无恙》、《今朝苦行头陀》、《仁和高邕章》、《悔庵》、《汤纪尚印》、《郑子文烺之印》、《志万之印》、《则藐之》、《子芹》、《庆云私印》、《庚子吉石》、《处其厚》、《闵翔藻印》、《画奴》、《积赶庐》、《蒲作英》、《吉石》、《蒲华》、《抑喜斋藏》、《菩萨界员顿居士蒯寿枢》、《臣炳泰印》、《逸溪长寿》、《顾印宝书》、《顾鹤逸》等印。

1887年（清·光绪十三年 丁亥）44岁

六月，前往上海，任颐为其作《棕荫纳凉图》。初冬于上海吴淞口租了一间小屋，开始往返苏州、上海两地。手抄诗集《元盖寓庐偶存》（增删本）。刻《画癖》《石门沈云》《道无双》《鹤庐主人》《介寿之印》《松隐庵》《松隐庵造像》《逋某书画之印》《家机私印》《冯文蔚》《秋农》《高阳酒徒》《鹤涧亭民》《孙熹私印》《朱秉钧印》《承潞之印》《吴縠羊印》《巨显之印》《吴承潞印》《系出延陵》《懽伯字寿孙别字正庵》《泉唐周墉》《杨石头》等印。跋庸公藏"乾"字不穿本《曹全碑》。在上海拟石涛笔法作山水一幅，自题"狂奴手段"。作《吟诗图》。为潘瘦羊、沈汝瑾画梅。

1888年（清·光绪十四年 戊子）45岁

居苏州。沈汝瑾寄赠象笋，作《笋菇图》答谢。杨岘七十大寿，作《蟠桃图》祝寿。任颐来访，时任小吏，为其作《酸寒尉像》。长子育在上海病殁，年十六。女丹姮（字次蟾）生。刻《吴育半仓》、《五百造象之藏》、《徐士恺》、《士恺》、《士恺之印》、《孟简》、《吴昌石》、《徐氏观自得斋珍藏印》、《徐士恺信印》、《子静》（白文）、《子静平生珍赏》、《子静》（朱文）、《徐士恺过眼》、《怀西考藏金石文字印》、《葵南》、《心钊私印·中勉父》（两面印）、《汪行忠恕斋》、《砖癖》、《王毓藻印》、《鲁艼》、《南昌万钊·韬庵》（两面印）、《窳阘》、《石尊者无垢》、《窳阘诗画》、《乘长风破万里浪》、《龚心钊印》等印。书《石鼓文》、《小楷自书诗稿册页》等。作巨幅《红梅》。

1889年（清·光绪十五年 己丑）46岁

《缶庐印存》（初集）刊行。刻《归安施为章》《石墨》《忠厓留余》《任和尚》《任千秋》《山阴任》《山阴道上行者》《陈永春印》《武陵》《肤雨》《莲柏家风》《沈瑾·公周》《念滋私印》《瑾》《酸寒尉印》《苦铁》《吴江陆恢》《臂月庵主》《张之洞》等印。书《赠子谔临〈石鼓〉四屏》《蜗寄庵额》等。作《蝴蝶图》《菊酒图》《芙蕖图》《菊花图》《红梅菊花灯岁朝图》等。施浴升、谭献为其诗集作序。王复生为之作小像，自题诗二首。

1890年（清·光绪十六年 庚寅）47岁

正月十七参加上海徐园雅集，纪念倪瓒。施浴升病逝于北京，作《哭紫明先生》诗。应沈汝瑾之邀到虞山游玩。结识吴大澂，遍观其所藏钟鼎、玺印、陶器、货布及大量名人书画。杨岘为其订《缶庐润目》。冬，奉令赴严家桥粥厂为灾民发棉衣。刻《长乐》《吴家棠印》《必达达斋记》《窦斋鉴藏书画》《臣翰之印》《绰公》《静江》《迪纯庵》《丁祖德印》《书堀》《伊立勋印》《陶在宽印》等印。书《为稷臣书旧作四屏》《赠槐庐篆书四屏》等。效八大山人画作《岁朝图》。

1891年（清·光绪十七年 辛卯）48岁

日本书法家日下部鸣鹤来访。刻《苏庵》、《期仲》、《文份之印》、《日下东作》、《日下鸣鹤》、《东作》、《鹤》、《野鹤》、《鸣鹤》、《清远间放》、《子旸》、《庚戌鄱之》、《杨质公所得金石》、《质公》（白文）、《质公》（朱文）、《杨文份印》、《行道有福》、《宝钟室》、《宝谷斋》、《字元皞号卞群》、《王朝冕印》等印。题徐渭《春柳游鱼图》等。作《显亭归老图》、《采桑图》、《醉钟馗图》、《钟馗见喜图》等。

1892年（清·光绪十八年 壬辰）49岁

辑成《石交录》（随笔摘记生平交友事迹，约二十余篇）。任颐为其作《蕉荫纳凉图》。为任颐藏《宝鼎砖砚》刻铭。刻《俊卿之印》《汉阳关棠》《五铃竟斋》《江南退士》《扶海垞》《鸣坚白斋》《剑伯读碑记》《二耳之听》《巽仪》《深之》《雷浚》《梅花手段》《庐江》《吴保初君遂》《云壶》等印。书《临石鼓文四屏》等。作《梅石图》《芜园图》《漠漠帆来重》《听松》等。

1893年（清·光绪十九年 癸巳）50岁

二月，在上海编选1892年（壬辰）以前所作诗成《缶庐诗》（三卷本），又将题画诗等编为《缶庐别存》，一并刊行。十一月，前往安徽。北方水灾，奉命赴津沽发票输钱，以济灾民。任颐为其作《归田图》。刻《肖均》《金石书巢》《肖均审定》《寿经》《高邕不朽》《枕湖楼》《杨质公》《南林金民珍藏》《乌程蒋氏樱宁室藏》《愚庵》《蕉研斋》《纫荠手拓》等印。书《为少田篆书联》《行草书七言绝句轴》等。作《竹里有亭图》《钟馗图》《秋亭图》《冷香图》《牡丹》等。

1894年（清·光绪二十年 甲午）51岁

二月，在北京以诗及印谱赠翁同龢。八月中日战争爆发。十月随吴大澂北上抗日。从军期间刻《俊卿大利》印并作《乱石山松图》。刻《染于苍》《迟云仙馆》《冯文蔚印》《修庵》《济清氏》《泗亭所得》等印。作《荷花图》《天竹》等。与蒲华合作《岁寒交》。

1895年（清·光绪二十一年 乙未）52岁

二月，接继母到上海颐养。夏，任颐为其作《山海关从军图》、《棕荫忆旧图》。任颐、吴伯涛病逝于上海。刻《吴俊卿印》、《回头是岸》、《吴兴潘氏怡怡室收藏金石书画之印》、《怡怡氏珍藏》、《缶无咎》、《破荷亭》、《鸣珂私印》、《邵（押）》、《躬行实践》、《千寻竹斋》（白文）、《诒砚堂》、《千寻竹斋》（朱文）、《大辩若讷》、《适蔓草堂》、《仓硕》、《石人子室》、《简庐》、《吴永印信》、《蒲芦草舍》、《澹然独与神明居》、《叔问》等印。作《好寿图》、《墨荷》、《独松关图》（拟雪个笔法）、《孤松独柏图》等。

1896年（清·光绪二十二年 丙申）53岁

在苏州作诗《书〈石鼓文〉第八》。读古碑拓本数十，诗以记之。杨岘逝世。刻《陶文冲五十以后书》、《泰山残石楼》（赠高邕）、《高密》、《破荷亭长》、《国珍印信》、《得时者昌》、《老钝》、《破荷》、《竹宾翰墨》、《竹宾》、《竹宾书画》、《石尊》、《强自取柱》、《吴俊之印》、《闵游翊印》、《廖寿恒印》、《褚日池》、《吴俊卿》、《湖州安吉县》、《适蔓草堂》、《谿南老人》、《松管斋》等印。作《露气图》、《墨荷》、《墨猫》（为怀念任颐所作）等。

1897年（清·光绪二十三年 丁酉）54岁

游历常熟、无锡、宜兴等地。日本人河井仙郎寄作品求教。作《红梅》并诗。刻《安得百家金石聚鸿编烜赫中兴年》、《聚学轩主》（白文）、《观自得斋徐氏子静珍藏印章》、《曾经贵池南山村镏氏聚学轩所藏》、《刘世珩》、《世珩私印》、《镏》、《镏子》、《贵池》（朱文）、《葱石》（朱文）、《世珩审定》、《世珩金石》、《世珩藏石》、《贵池》（白文）、《葱石》（白文）、《刘世珩经眼》、《贵池学人》、《世珩乙亥乃降》、《聚学轩主》（白文）、《张曾启》、《臣刘世珩章》、《葱石父聚颅》、《臣珩为刘氏》、《聚学轩》、《聚卿金石寿》、《檵庵心赏》、《世珩十年精力所聚》、《贵池文献世家》、《臣珩为刘氏》、《世珩珍秘》、《聚学藏书》、《作蕃长寿》、《葱石白笺》、《聚卿金石寿》、《闵泳翊印》、《园丁》（白文）、《闵园丁》、《古南林人》、《园丁》（朱文）、《翊》、《侍儿南柔同赏》、《高聋公》、《心月同光》、《高邕》、《如皋冒大所见金石书画图记》、《石韫书画》等印。书《临〈石鼓文〉四屏》、《小戎诗篆书四屏》、《赠可良篆书八言联》、《为少岩集〈石鼓文〉七言联》等。作《菊花图》、《双勾兰花》、《巨石》、《猫》等。

1898年（清·光绪二十四年 戊戌）55岁

居苏州。春，前往宜兴。访《禅国山碑》，有诗。同陈琴溪（嗣徵）、潘亮之（孔时）冒雨游宜兴蜀山东坡书院。七月，偕子涵回鄣吴村。重阳节，偕子涵、迈及友人汪鹭汀、蒋苦壶等登虎丘，有诗。冬，游常熟。刻《石芝西堪读碑记》、《石芝西堪改藏墨本》、《石芝西堪题记》、《石芝供养》、《开元乡南山村镏葱石鉴赏记》、《刘五》、《王仁东印》（白文）、《贵池刘世珩所藏金石》、《镏五》、《镏》、《乙亥刘五》、《乌程镏氏坚匏庵藏》、《留园盛幼勋鉴藏书画印》、《此中有真意》、《聚德堂》、《王仁东印》（白文）、《祥生》、《须曼》（朱文)、《蒋侯》、《仁东审定》、《心陶书屋》、《须曼》(朱文)、《苦铁近况》、《苦铁无恙》、《鹤道人年四十以后所作》、《老潜》、《苦铁》、《镂香阁》、《听松》、《胡钦之印》、《胡德斋》、《周祖揆印》、《闵园丁》、《园丁墨戏》、《鹤身》(朱文)、《鹤身》(白文)、《鹤公长寿》、《鹤逸》、《陶心云》、《庞芝阁审定》等印。

1899年（清·光绪二十五年 己亥）56岁
居苏州。五月，在天津结识潘祥生。十一月，在丁葆元保举下当上淮安府安东县县令，到任一月即辞职。刻《节堂》《聋于官》《吴俊卿印》《古鄣》《安东即目》《吴兴潘氏怡怡室收藏书画之印》《吴俊之印》《吴昌石》《昌石》《祥生手拓》《老翔》《绛雪庐》《太邱长五十六世孙》《先灵运十三日生》《甘作蕃印》《一月安东令》等印。作《老松图》《梅石图》《墨竹》《霜月幽兰》《竹石图》等。

1900年（清·光绪二十六年 庚子）57岁
居苏州。二月，前往上海，患重听。五月，江苏如皋冒襄（辟疆）后裔冒广生（鹤亭）游吴下，过访，后获广生藏冒氏灵璧石一块。秋，俞樾为《缶庐诗》作序。《缶庐印存》（二集）编成。日本人河井仙郎经罗振玉（叔言）、汪康年（穰卿）介绍，拜其为师。（河井仙郎时年三十。）刻《仓石》、《薮石亭长》（朱文）、《泳翊印》、《闵泳翊印》、《游翊之印》、《庚申园丁》、《独山莫枚梅臣第二》、《丁仁友》、《雝睦堂》、《竹洞门楣》、《竹楣古痴》、《竹楣》（朱文）、《泳翊长寿》（白文）、《泳翊长寿》（白文）、《闵泳翊字立羽》、《立羽道人》、《千寻竹斋》、《闵氏千寻竹斋石尊者七里香庄兰皋农》、《闵氏千寻竹斋》、《田庆印信》、《虚虞顾读书记》、《闵泳翊一字园丁》、《竹洞农》、《竹楣》（朱文）、《竹庼》、《薮石亭长》（白文）、《薮石亭》、《香主》、《甲申十月园丁再生》、《心陶书屋》等印。作《天竹图》、

《墨竹图》、《芦花如雪吹寒潮图》等。

1901年（清·光绪二十七年 辛丑）58岁

居苏州。游南京。开始臂痛。刻《瘦沈》《老苍》《苦铁不朽》《高邕》等印。书《团扇题画诗》等。作《兰花图》等。

1902年（清·光绪二十八年 壬寅）59岁

居苏州。前往析津。陈师曾随其学画。因臂病加剧，很少治印。刻《石尊》《园丁高兴》等印。书《赠蟾亭〈石鼓文〉团扇》等。作《梅花篝灯图》《秋荷图》《岁朝清供图》等。

1903年（清·光绪二十九年 癸卯）60岁

居苏州。自定润格。日本人长尾雨山来访。作客上海严小舫"小长芦馆"。继母逝世。编1902年前所作诗成《缶庐诗》第四卷，连同前刊三卷和《缶庐别存》一卷，合册刊行。刻《阿仓》《安吉》等印。书《为叶舟篆书联》《古器物铭识语纨扇》等。作《双桃》《梅花图》等。

1904年（清·光绪三十年 甲辰）61岁

居上海。浙江青年篆刻家王褆、丁仁、叶为铭、吴隐等在杭州西湖孤山的人倚楼聚会，决定发起一个"印社"，邀其参与。友施为病殁，为之料理后事。收赵子云为弟子。年底移居苏州桂和坊19号，名其斋"癖斯堂"。刻《周甲后书》《雄甲辰》《园丁家在竹洞号竹楣》《千寻竹斋》《河间庞氏芝阁鉴藏》《蒲华》《作英》《河间庞芝阁校藏金石书画》《园丁文墨》《松石园洒扫男丁》《闵氏千寻竹斋》《翊》《翊印》《泳翊大利》《园丁课兰》《园丁》《竹楣平安》《千寻竹斋珍赏》《七里香庄》《泳翊之章》《竹邻》《竹楣》《庚申所生》《兰阜》《严义份印》《野聋》等印。题任颐《蕉荫纳凉图》等。作《牡丹》《桃花》《荔枝》《瓶花奇石》《蔬香图》《梅花春酒》《芦花》《紫藤》等。

1905年（清·光绪三十一年 乙巳）62岁

居苏州。以焦山汉陶鼎拓本补梅，作诗题之。前往上海，诗赠张鸣珂、赵石农，授赵石农篆刻要诀。刻《松存》《恨二王无臣法》《五云草堂》《山阴吴氏竹松堂审定金石文字》《石潜大利》等印。作《牡丹》《玉兰图》《天竹》《桃石图》《紫藤图》《琵琶凤仙》《墨竹》《晚荷》《牡丹水仙》《芙蕖图》《花卉四屏轴》《花果册》（十开）等。为顾麟士《鹤庐印存》作序。

1906年（清·光绪三十二年 丙午）63岁
居苏州。为峤庵写四时花草十二种。乐陶七十寿，写花卉八幅祝之。为陶斋作诗题颜鲁公书《张敬因残碑》。年底，俞樾于杭州逝世，前往吊唁。刻《迟云仙馆》、《兰阜高兴》、《园丁生于某洞长于竹洞》、《齐郝祖修章》、《郝祖修印》、《齐云》、《齐云馆》（白文）、《齐云馆》（朱文）、《高唐郝氏》、《安心室》、《太平修士》、《修己以敬》等印。书《为逸斋自书诗轴》、《临〈石鼓文〉折扇》等。题跋顾麟士所藏《石舫图》等。作《牡丹水仙图》、《杜鹃花》、《桃花》、《天竹》、《富贵神仙》、《破荷》、《寒灯梅影》、《葫芦》、《重九赏菊图》等。

1907年（清·光绪三十三年 丁未）64岁
居苏州。二月，沈汝瑾为其撰《仓公事略》（手稿）。书《"邻春山房"篆书额》《草书自作诗六屏》等。跋《仇十洲画山水》《赵伯骕画〈夷齐图〉》《周文矩画〈伯牙横琴〉》等。作《菊》《蔬菜》《煮茗图》等。

1908年（清·光绪三十四年 戊申）65岁
刻《惜篁外史》《王锡璜》《锡璜之印》《锡璜》《王锡璜藏阅书》《锡璜私印》《津门王锡璜诗书画印》《王幼章家珍藏》《松管斋》《安吉吴俊卿昌硕考藏金石书画》《幼章吉金乐石》《一得》等印。书《行草书自作诗四轴》《集宋拓〈石鼓文〉七言联》等。为丁仁作诗题《西泠印社图》。跋《史可法家书》《李龙眠画佛像》《钱选〈青绿山水〉》《柯九思〈枯木竹石〉》《淳化阁帖》（残本）等。按沈汝瑾诗意作《短檠微吟图》。作《墨竹图》《苍松》《人物》《天竹水仙图》《绣球图》《挑灯读书图》等。

1909年（清·宣统元年 己酉）66岁

居苏州。结识诸宗元，后许为知音。作长诗题赵之谦《断万氏争葬地朱判》。与高邕、杨逸（东山）、黄俊、姚鸿等在上海发起"豫园书画善会"，善会成立时有会员百人，后来发展至近200人，蒲华、杨伯润、王一亭等人都是会员，钱慧安为首任会长。游江西鄱阳湖、浔阳江、滕王阁等。刻《清峻堂》《明月前身》《瑞澂长寿》《穆如清风》《弃官先彭泽令五十日》《石昌彬印》《且饮墨渖一升》《适园藏本》等印。书《西泠印社篆书额》《赠澹如临〈石鼓文〉轴》等。作《木笔图》《水仙天竹图》等。

1910年（清·宣统二年 庚戌）67岁

居苏州。游历武汉、北京等地。上海书画研究会成立，会员有汪渊若、李平书、哈少甫、倪墨耕、陆廉夫、何诗孙、蒲华、狄楚青等人。陈师曾随其学画。为赵古愚《云台二十八将印存》题诗。刻《处其厚》《今泉彰印》《先笑》《也轩》《杨士聪书画章》《芝青》《某崖居士》《汉阳万中立印》《子均父》《偶遂亭主》《仁和高邕庚戌邕之》等印。日本人水野疏梅经王一亭介绍随其学画。书《为拔可篆书集杜诗联》《致须曼诗五札》《赠潜卿老伯篆书九言联》等。跋《毛公鼎拓本》《唐寅山水卷》《汉史晨碑》及任颐《画树长春》册页等。作《田园风物图卷》《吉祥眉寿图》等。

1911年（清·宣统三年 辛亥）68岁

居苏州。六月，诸宗元来访，于癖斯堂尽读其诗。初夏前往无锡游玩。夏末移家上海吴淞，赁屋小住。与鲍简庐等游山塘。蒲华逝世，为之料理后事。刻《古桃州》等印。书《为雅宾自书诗五首团扇》。题《六舟僧手拓瓦当》《石涛画》《沈石田画卷》

等。作《富贵多子图》《玉兰牡丹图》等。

1912年（民国元年 壬子）69岁

经王一亭多次邀请，正式移居上海。为日本友人长尾雨山题《长生未央砖》。日本人田中庆太郎编《昌硕画存》于日本刊行，是其第一本画册。以"昌硕"字行。游徐氏园、杭州西湖等。刻《吴昌硕壬子岁以字行》《缶老》《吴昌硕壬子以后书》《虚素》《文求堂记》等印。书《为子云白书诗三首扇面》《荒山商盘联》《与古为徒》《行草书自作诗轴》《行书题画诗册页》等。作《玉兰》《篱菊》《灵根图》《岁朝清供》《蕉荷枇杷图》《梅石图》《荷香果熟》等。

1913年（民国二年 癸丑）70岁

重阳节，西泠印社正式成立，被公推为社长。举家迁往上海北山西路吉庆里932号（后改为12号）。重订润格。王一亭、王梦白拜其为师。梅兰芳初到上海演出，前往观看，与其相识，梅后由刘山农陪同多次拜访。刻《吴（押）缶翁》（两面印）、《双忽雷阁内史书记童嬛柳嬚掌记印信》、《抱员天》、《宝兰亭斋主人》、《子远》、《木堂》、《犬养毅印》、《毅》、《七十老翁》、《无须吴》、《龙眠后人》、《白龙山人王震》、《东海兰丐》、《李野西读碑印》等印。书《临〈石鼓文〉额》、《严氏别业题逍遥游匾》、《为季中集宋本〈石鼓〉联》等。跋《文徵明书》、《祝枝山草书〈秋世〉诗卷》、《董香光书〈天马赋〉》等。作《花卉秋色图》、《松鹤图》、《岁寒三友图》、《岁寒图》等。

1914年（民国三年 甲寅）71岁

居上海。参加"九老会"。上海书画协会成立，被公推为会长。首次个展在上海日式饭馆六三园剪淞楼举办，日本人白石六三郎为发起人。上海商务印书馆编辑出版《吴昌硕先生花卉画册》（辑录20幅花卉作品）。上海西泠印社编辑出版《缶庐印存》（三集）。作《西泠印社记》。朝鲜友人闵泳翊病逝于上海。刻

《兰皋》、《葛祖芬》、《葛书徵》、《葛昌枌印》（白文）、《颜先生》、《祖芬》（朱文）、《瓢翁》、《能事不受相促迫》、《人生只合驻湖州》、《自赏》、《徐麇》、《葛昌楹印》、《书徵》、《书徵氏》、《濯足扶桑》、《半研冷云》、《晏庐》（朱文）、《葛昌枌印》（白文）、《祖芬》（白文）、《家穀》、《穀》、《樊穀》、《老穀》、《樊》、《稼田》、《学稼轩》、《樊家穀》、《葛氏祖芬》、《半日村》、《静观堂》、《土方》、《米舫》、《圆印》、《祖庚》、《当湖葛楹书徵》、《平湖葛昌枌之章》、《长坪》、《晏庐》（朱文）、《可窗》、《滄英》、《寿无涯》、《晏庐》（白文）、《安庐》、《阮暗藏书》、《荫梧》等印。书《九珍斋》（篆书）、《汉砖斋》、《万岁》等。节临《祀三公山碑》、《石鼓文》、《张迁碑》等。题李瑞清书册。作《岁寒三友图》、《牡丹》、《菊》、《桃石图》、《雪山飞瀑图》等。

1915年（民国四年 乙卯）72岁

汪洵逝世，继之任海上题襟馆金石书画会名誉会长。与诸宗元、王一亭游六三园、杭州西湖。为杭州西泠印社作《闲隐楼记》。吴隐主编的《苦铁碎金》（四册）由上海西泠印社出版，同时《缶庐印存》（四集）编辑出版。刻《震仰盂》《苏江》《灵岩山民》《若风之遇箫》《钟善廉》《虚斋》《楚园》《葛昌楹印》《葛祖芬》《葛昌枌印》《葱石读书记》《贵池刘世珩江宁傅春媜江宁傅春珊宜春堂鉴赏》《克己复礼》《陈翰》《鹤舞》《鲜鲜霜中菊》《小名乡阿姐》《虞中皇》《集虚草堂》《园菜果蓏助米粮》《合肥李国芷之章》《刘泽序》等印。书《石潜篆书联》。书行草书七言五言律诗各二首（《述怀》《客来》《烟霞洞禅房》《于大行看子》）赠长尾雨山。题《八大山人画》等。作《墨竹图》《竹泉图》《罗汉像》《松图》《梅枝清影图》《竹林高隐图》《桃实图》《黄山古松图》《徂徕之松图》《依样图》《蟠桃图》《松梅》《菊》《赤城霞》《桃石图》

《云壑古松图》《萧寺古柏图》《长松梅石》等。

1916年（民国五年 丙辰）73岁

重订润格。作《西泠印社图》并题诗。刻《木堂》、《独往》、《听有音之音者聋》、《老绳》、《绳庵》、《绳道人》、《樾荫草庐》、《樾荫庐》、《稼田眼福》、《稼田珍秘》、《稼田珍藏》（朱文）、《稼田》、《木堂秘笈》、《樊家榖印》、《道子》、《稼田珍藏》（白文）、《从心所欲》、《晏庐鉴藏》、《书徵》、《凿楹纳书》、《金思棠印》等印。书《侣鹤草堂》、《师古轩》、《为颂蓬集〈石鼓文〉七言联》、《为天汉集〈石鼓文〉八言联》等。题跋《任薰画佛》、《沈周画雪景山水》等。作《兰石图》、《枇杷》、《木犀图》、《空谷幽芳图》、《水仙图》、《牡丹图》、《菊石图》、《荷花图》、《红蔷薇映绿芭蕉》、《牡丹》、《梅树寒英图》等。

1917年（民国六年 丁巳）74岁

夫人施酒病逝于上海。沈汝瑾病逝。为沈汝瑾诗稿作序并题诗。直隶、奉天水灾，绘《流民图》，义卖书画。李苦李拜其为师。刻《吴昌硕大聋》、《西泠印社中人》、《书徵金石寿》、《铁斋外史》、《东坡同日生》、《富钢百炼》、《藤山雷太》、《紫阳》、《雨田》、《石铭》、《大典赐介》、《葛·份》（联珠印）、《道法自然》、《胸中海岳》、《浩存》、《二丰》、《山本悌印》、《山本氏》、《藤炳卿氏》、《湖南》、《藤虎》、《长尾甲印》、《甲印》、《雨山居士宝之》、《石隐》、《书留晏子》、《私淑邓包》、《缶翁》、《湖海倦人》、《凿楹纳书》、《二百二十有四兰亭室》、《苦匏李苦》、《鲍公心赏》、《李諴》、《桂林李氏》、《竺道人》、《蜀石经斋》、《传朴堂印》、《葛楹审定》、《璋伯》等印。书《鲤鱼麋鹿集字联》、《集阮刻北宋本〈石鼓文〉八言联》、《老兰徵君属撰篆书五言联》等。题跋《石涛画》、《王孟津草书卷》、《何子贞书册》等。篆书《怀素画像》并题。作

《桃》、《乾坤清气图》、《荷花图》、《象笋图》、《桃实图》、《珊瑚珠图》、《水仙花图》、《藤花图》、《紫藤》、《牡丹》、《神仙福寿（水仙、梅）图》、《山茶》、《古柏》、《丹桂》、《枇杷》、《松菊》、《梅花》等。

1918年（民国七年 戊午）75岁

命子涵、迈葬施夫人于鄣吴村附近凤麟山，并为己筑生圹。商务印书馆请其作"花卉"十二幅，刊登于《小说月刊》封面。写《鄣吴村即景图》，并题以诗，付子涵家藏。朱复戡拜其为师。刻《圆叟》、《传朴堂》、《清况》（半印）、《洪祖望印》、《随庵》、《明道若昧》、《湖州安吉县》、《子成》、《祖望》等印。书《临武梁祠题字轴》、《集旧拓〈石鼓文〉联》、《行书六三园赠友人诗轴》等。题《任伯年九鸡图卷》等。作《岁朝清供》、《紫藤》、《墨荷》、《牡丹》、《桃》、《木瓜图》、《牡丹图》、《富贵无极图》、《菊石》、《桃》、《菊石图》、《藤花图》等。

1919年（民国八年 己未）76岁

重订润格。为商务印书馆所作十二幅花卉册（单行本）出版。张弁群集拓其所刻印100余枚编成《缶庐印存》（八卷），褚德彝作序，王仁拓款。孙德谦、沈曾植为其诗集作序。诸闻韵、诸乐三向其求教。刻《重游泮水》、《望云轩》、《林际康印》（二方）、《豫卿上书》、《穆如清风》、《大辩若讷》、《盐氏三世》、《庞元济印》、《江门士族》、《余杭褚德彝吴兴张增熙安吉吴昌硕同时审定印》、《海日楼》、《延恩堂三世藏书印记》、《朗阁》、《林熊光印》、《勋伯五十六岁以后书》等印。书《节临〈石鼓文〉》、《集明拓〈石鼓文〉联》、《自书五首诗卷》、《为友勤集〈石鼓文〉六言联》、《为友勤集〈石鼓文〉七言联》、《为幼瀿集〈石鼓文〉七言联》、《为石孙集〈石鼓文〉七言联》等。作行书《寿苏词》五言律诗赠长尾雨山。题《赵之谦书残屏诗轴》等。作《牡丹水仙图》、《梅花图》、《葡萄》（并题"草书之幻"）、《牡丹图》、《水仙》、《桃图》、《紫藤图》等。

1920年（民国九年 庚申）77岁

重订润格。梅兰芳再次来上海演出，在袁寒云陪同下前来拜访、请教绘画，为之画梅花一幅并题诗。孙雪泥集其与弟子赵子云书画数十幅，编成《吴昌硕赵子云合册》，以珂罗版印行。日本东京文求堂继刊《吴昌硕画谱》。长崎（首次）展出其书画作品，双树园随之刊行《吴昌硕画帖》。孙长邺出生。诸乐三随其学画。王一亭为其画肖像。苏州顾氏收其印作拓成《汉玉钩室印存》。刻《书徵》《舞鹤轩》《万事随缘是安乐法》《梅痴》《侣鹤》《美意延年》《以成室》《抱员天》《瓠隐藏书》《丁珪之印》《冯煦之印》《蒿叟》《戴克靖印》等印。书《篆书"地天泰"额》《观乐楼碑墨迹本》《集秦铭联》《为鹈饲无情先生集〈石鼓文〉七言联》《临〈石鼓文〉折扇》等。作石鼓文对联赠继之。题《沈寐叟海日楼图诗轴》等。跋《李晴江画册》《王孟津诗卷》等。作《芍药图》《萌笋图》《枇杷图》《芦橘蔷薇》《菊石图》《红梅蒲草紫芝图》。为沈曾植画《海日楼图》并题诗。为冯君木画《梅》等。

1921年（民国十年 辛酉）78岁

率子孙前往杭州参加西泠印社雅集。荀慧生来上海演出，在刘山农的引荐下，持所绘册页请教，执弟子礼。沙孟海入门。与西泠印社同人抢购《汉三老讳字忌日碑》。日本雕塑家朝仓文夫为其塑半身铜像。日本大阪首次展出其书画作品。东京至敬堂出版田口米舫所编《吴昌硕书画谱》。刻《画意》《恕堂》《月湖草堂》《师赵楼》《沈佺之印》《我爱宁静》《澹如菊》《同治童生咸丰秀才》《澹如》《炽君日利》等印。临《石鼓文》。书《无闷》《为明之集〈石鼓文〉联》《为占椿集〈石鼓文〉联》《天帱地载，山高水长》《行书十二言联》《看梅》等。题《黄仲则手书诗册》《费龙丁小像》等。作《葫芦图》《玉兰图》

《浅水芦花图》《竹石图》《菜根图》《紫藤》《葫芦》《牡丹》等。

1922年（民国十一年 壬戌）79岁

赴杭州，西泠诸友（五十余人）置酒为其贺寿。诸宗元作《缶庐造像记》。丁仁编《缶庐近墨》（第一集）由上海西泠印社以珂罗版刊行。批阅王个簃印稿。《吴昌硕〈石鼓文〉》印行。襟霞阁主人所编《缶老人手迹》出版发行。大阪高岛屋美术部刊行《缶翁墨戏》第一集。诸乐三拜其为师。沈寐叟逝世。刻《耦圃乐趣》《老夫无味已多时》《贯山》等印。书《节临〈散氏盘〉》《赠一亭联》《为达三集〈石鼓文〉联》《为凤林寺书联》《集散鬲字联》《为慎微集〈石鼓文〉联》等。题《吴斋画榆关景物》《朱半亭画像》等。作《雪蕉书屋图》《菊石图》《桃实图》《修竹图》《孤山高枝图》《竹石图》《秋色斑斓图》《无量寿佛图》《五月江深草阁寒图》等。

1923年（民国十二年 癸亥）80岁

游余杭超山，为报慈寺前宋梅写照、作诗、刻石。上海西泠印社刊行丁仁续编《缶庐近墨》（第二集）。《缶庐集》木刻本四卷两册出版。经李苦李介绍，王个簃持印蜕求教。经诸闻韵推介，潘天寿求教，赠之对联——天惊地怪见落笔，巷语街谈总入诗。陈师曾病故，为之题"朽者不朽"四字。过八十大寿，嘉宾云集，荀慧生发起京剧会演，荀自演《麻姑献寿》，与袁寒云合演《刺汤》，梅兰芳演《拾玉镯》，场面非常盛大。刻《彊公劻》等印。作"寿"字书80幅分赠诸友。集汉《曹全碑》碑阴字。书《小楷扇面》《临〈石鼓文〉田车轴》《为云巢篆书联》《赠讷士集散鬲联》《篆书寿字轴》《篆书张继诗轴》《隶书题画诗轴》《行书七言律诗轴》《篆书"金石同寿"额》《为益斋集〈石鼓文〉七言联》等。作《紫藤》《抱子观音》《仿石涛山水》《独松图》等。

1924年（民国十三年 甲子）81岁

游六三园（看樱花）。数年前赵石农所赠虞山特产砂石砚底部磨穿一孔。王个簃到上海，入其门下。刘海粟持画《言子墓》求教。上海书画社编辑出版《吴昌硕画宝》。为蒲华《芙蓉庵燹余草》作序。刻《无须老人》等印。书《临〈石鼓文〉轴》《为南湖隶书联》《为醉吟隶书联》《为疆公自书诗二卷》《篆书"踏天一磨"额》《篆书"强其骨"额》等。题许苓西《西湖归隐图》等。作《桃石图》《桃花》《葫芦》《墨葡萄》《铁网珊瑚》等。

1925年（民国十四年 乙丑）82岁

王个簃任孙长邺家庭教师，王正式拜其为师。对外号称"封笔"，但在家兴来时作书画。为沙孟海圈选印稿并题诗鼓励。西泠印社编辑出版《吴昌硕画册》。商务印书馆珂罗版精印《吴缶庐画册》（辑录70岁后画作16幅）出版，黄葆戉署耑。刻《双梧桐馆》、《胡鄂之印》、《鄂公私印》、《南湖》、《集虚草堂》（三方）、《木公辛亥以后所得》、《吴兴戴传贤印》、《志谭大利》、《桨翁》、《甄庵》、《淡如》、《王宝崙印》等印。书《为冠卿集古句联》、《赠六阳道人自书诗轴》、《为少坡五十寿诗轴》、《篆书〈猿公遗术〉轴》等。作《石榴》、《铁网珊瑚枝》、《墨梅》、《天竹图》、《萧斋清供》、《修竹图》等。

1926年（民国十五年 丙寅）83岁

曾农髯携自写篆书与钟鼎文字求教。潘天寿携画山水障求教，作诗一首赠之。大阪高岛屋第二次举办其书画展。日本人堀喜二编《缶翁近墨》（又名《缶翁墨戏二集》）出版发行。上海西泠印社编辑出版《吴昌硕花果册》（辑录12幅花果作品）。刻《大仓喜七郎之印》《矩庵》《野元吉印》《公望之印》等印。书《为拙巢六十寿诗轴》《临〈石鼓文〉轴》《篆书七言联》《为嗣征集〈石鼓文〉联》《行书五言律诗轴》《篆书"不系舟"额》

等。重题诗于《仿柯丹丘墨竹》。题《金农墨画蔬果》等。作《柏树图》《牡丹水仙》《天竹石》等。为日本人大谷作《梅图》《松图》《竹图》。

1927年（民国十六年 丁卯）84岁

春，游超山。夏，在王个簃陪同下前往杭州，住在西泠印社内的"观乐楼"。六月，次子涵在上海病逝，家人恐其悲痛，谎告东游日本。秋，返回上海。杨清磬为其画（素描）像。题《王个簃印存》。荀慧生来上海演出，书《仙乐风飘》额赠之。刻《成德堂珍藏》《听松》等印。书《置酒投壶联》《为雅初隶书联》《书赠君木三首札》《自书赠田父一首诗札》《付孙女棣英篆书七言联》等。为《吴让之印存》题跋。临《八大山人睡鸟图》。作《半日村图》并诗。作《墨梅图》《岁寒抢节图》《玉洁冰清图》《竹石图》《杂画册》《墨兰图》（绝笔）等。11月29日（农历十一月初六）突患中风，在上海寓所逝世，归葬于鄣吴村祖坟附近。

参考文献
References

[1] 《吴昌硕》，吴东迈著，上海人民美术出版社，1963年12月第1版。

[2] 《历代书法论文选》，华东师范大学古籍整理研究室选编、校点，上海书画出版社，1979年10月第1版。

[3] 《回忆吴昌硕》，刘海粟、王个簃等编著，上海人民美术出版社，1986年12月第1版。

[4] 《吴昌硕年谱》，林树中编著，上海人民美术出版社，1994年9月第1版。

[5] 《扬州八家画集》，天津人民美术出版社，1995年10月第1版。

[6] 《吴昌硕篆刻艺术研究》，刘江著，西泠印社，1995年12月第1版。

[7] 《石涛书画全集》（上、下），天津人民美术出版社，1996年9月第2次印刷。

[8] 《我的祖父吴昌硕》，吴长邺著，上海书店出版社，1997年11月第1版。

[9] 《吴昌硕》，陈传席、顾平著，古吴轩出版社，2000年7月第1版。

[10] 《吴昌硕》，梅墨生编著，河北教育出版社，2002年3月第1版。

[11] 《滕固艺术文集》，沈宁编，上海人民美术出版社，2003年1月第1版。

[12] 《金石书画大师——吴昌硕》，张毅清著，海峡文艺出版社，2003年2月第1版。

[13] 《吴昌硕画集》，荣宝斋出版社，2003年8月第1版。

[14] 《中国书画名家画语图解·吴昌硕》，边平恕编著，中国人民大学出版社，2003年12月第1版。

[15] 《原拓（墨迹）精印系列丛书（一）：石鼓文》，西泠印社，2004年6月第1版。

[16] 《吴昌硕书法字典》，〔日〕松清秀仙编，周培彦译，天津

人民美术出版社，2004年6月第1版。

[17]《中国玺印类编》，〔日〕小林斗盦编，周培彦译，天津人民美术出版社，2004年6月第1版。

[18]《吴昌硕》（一、二、三、四），紫都、苏德喜编著，中央编译出版社，2004年7月第1版。

[19]《吴昌硕和他的故里》，王季平主编，西泠印社出版社，2004年10月第1版。

[20]《百年一缶翁：吴昌硕传》，吴晶著，浙江人民出版社，2005年7月第1版。

[21]《八大山人精品集》，单国霖、钟银兰编著，人民美术出版社，2006年4月第1版。

[22]《八大山人书画编年图目》（上、中、下），齐渊编著，人民美术出版社，2006年12月第1版。

[23]《吴昌硕传》，王家诚著，百花文艺出版社，2007年1月第1版。

[24]《中国历代篆刻集粹⑨·吴昌硕》，浙江古籍出版社编，浙江古籍出版社，2007年6月第1版。

[25]《苦瓜和尚画语录》，〔清〕石涛著，周远斌点校纂注，山东画报出版社，2007年8月第1版。

[26]《中国古代画论类编（修订本）》（上、下），俞剑华编著，人民美术出版社，2007年11月第2版。

[27]《中国近代史：1600—2000，中国的奋斗》，〔美〕徐中约著，计秋枫、朱庆葆译，世界图书出版公司，2008年1月第1版。

[28]《颜真卿年谱》，朱关田编著，西泠印社出版社，2008年4月第1版。

[29]《人间词话》，王国维撰，上海古籍出版社，2008年5月第1版。

[30]《宗白华全集》（4卷），宗白华著，安徽教育出版社，2008年5月第2版。

[31]《十八家诗钞》(上、下),〔清〕曾国藩编纂,岳麓书社,2009年1月第1版。

[32]《中国历史研究法》,梁启超著,中华书局,2009年5月北京第1版。

[33]《海上墨林》,杨逸著,印晓峰点校,华东师范大学出版社,2009年9月第1版。

[34]《金石大字典》,汪仁寿编,天津人民美术出版社,2009年10月第1版。

[35]《颜真卿书法全集》(上、下),〔唐〕颜真卿书,王林主编,人民美术出版社,2009年10月第1版。

[36]《吴昌硕诗集》,吴昌硕著,童音点校,华东师范大学出版社,2009年12月第1版。

[37]《任伯年全集》(1-6卷),〔清〕任伯年绘,人民美术出版社、天津人民美术出版社编,2010年1月第1版。

[38]《林泉高致》,〔宋〕郭熙著,周远斌点校纂注,山东画报出版社,2010年8月第1版。

[39]《中国绘画史》,陈师曾著,中华书局,2010年8月北京第1版。

[40]《中国印谱全书·缶庐印存初集》,吴昌硕编,人民美术出版社,2011年1月第1版。

[41]《中国美术史二种》,滕固、郑昶著,上海书店出版社,2011年11月第1版。

[42]《中国画大师经典系列丛书·徐渭》,陈连琦主编,中国书店,2011年4月第1版。

[43]《滕固美术史论著三种》,滕固著,商务印书馆,2011年11月第1版。

[44]《中国近代名家精品集·吴昌硕》,吴昌硕绘,天津人民美术出版社,2012年1月第1版。

[45]《吴昌硕诗集》,吴昌硕著,漓江出版社,2012年1月第

1版。

[46]《中国古代名家作品选粹·蒲华》,〔清〕蒲华著,人民美术出版社,2012年4月第1版。

[47]《中国近代史》,蒋廷黻著,武汉出版社,2012年6月第1版。

[48]《吴昌硕精品集》,潘深亮主编,印刷工业出版社,2012年8月第1版。

[49]《东坡画论》,〔宋〕苏轼著,王其和校注,山东画报出版社,2012年10月第1版。

[50]《吴昌硕小品绘画[壹]》,吴昌硕绘,人民美术出版社,2012年12月第1版。

[51]《历代名家书法经典:吴昌硕》,王冬梅主编,中国书店,2013年1月第1版。

[52]《任伯年人物画精品集》,〔清〕任伯年绘,天津人民美术出版社,2013年1月第1版。

[53]《吴昌硕小品绘画[贰]》,吴昌硕绘,人民美术出版社,2013年5月第1版。

[54]《吴昌硕小品绘画[叁]》,吴昌硕绘,人民美术出版社,2013年5月第1版。

[55]《吴昌硕翰墨珍品》,张荣德主编,西泠印社出版社,2013年5月第1版。

[56]《中国美术》(上、下),〔英〕波西尔著,戴岳译,蔡元培校,浙江人民美术出版社,2014年3月第1版。

[57]《图说中国绘画史》,〔美〕高居翰著,李渝译,生活·读书·新知三联书店,2014年4月北京第1版。

[58]《新史学》,梁启超著,夏晓虹、陆胤校,商务印书馆,2014年5月第1版。

[59]《篆刻学》,邓散木著,浙江人民美术出版社,2014年6月第1版。

[60]《中国美术史》,〔日〕大村西崖著,陈彬龢译,浙江人民美术出版社,2014年8月第1版。

[61]《印人传合集》(上、下),〔清〕周亮工等撰,于良子点校,浙江人民美术出版社,2014年8月第1版。

[62]《六朝画论研究》,陈传席著,中国青年出版社,2014年11月北京第1版。

[63]《吴昌硕篆书心经》,路振平、赵国勇、郭强主编,翰墨字帖编委会编,浙江人民美术出版社,2014年12月第1版。

[64]《中国绘画史》,〔日〕中村不折、小鹿青云著,郭虚中译,浙江人民美术出版社,2015年4月第1版。

[65]《注音版说文解字》,〔汉〕许慎撰,〔宋〕徐铉等校定,愚若注音,中华书局,2015年6月北京第1版。

[66]《中国绘画史 古画微》,陈师曾、黄宾虹著,中华书局,2015年6月北京第1版。

[67]《金石学》,朱剑心著,浙江人民美术出版社,2016年4月第1版。

[68]《吴昌硕书法集:全二卷》,吴昌硕书,汕头大学出版社,2016年5月第1版。

[69]《中国书法理论体系》,熊秉明著,人民美术出版社,2017年2月第1版。

[70]《历代名画记》,〔唐〕张彦远撰,浙江人民美术出版社,2017年5月第1版。

[71]《历代书法大家系列·吴昌硕翰墨聚珍》,刘元飞编著,浙江人民美术出版社,2017年7月第1版。

[72]《心画——中国文人画五百年》,〔美〕卜寿珊著,皮佳佳译,北京大学出版社,2017年11月第1版。

[73]《画禅室随笔》,〔明〕董其昌著,叶子卿点校,浙江人民美术出版社,2017年12月第1版。

[74]《吴昌硕全集》,邹涛主编,上海书画出版社,2017年11月

第1版。

[75]《四部总录艺术编》，丁福保、周云青编，浙江人民美术出版社，2018年1月第1版。

[76]《吴昌硕谈艺录》，吴昌硕著，吴东迈编，浙江人民美术出版社，2018年4月第1版。

[77]《回忆吴昌硕先生》，于非闇等著，浙江人民美术出版社，2018年5月第1版。

图书在版编目（CIP）数据

吴昌硕评传 / 廖上飞著． — 沈阳：辽宁美术出版社，2022.3
　　ISBN 978-7-5314-8875-0

　　Ⅰ．①吴… Ⅱ．①廖… Ⅲ．①吴昌硕（1844-1927）-评传 Ⅳ．①K825.72

中国版本图书馆CIP数据核字（2020）第185529号

出 版 者：	辽宁美术出版社
地　　　址：	沈阳市和平区民族北街29号　邮编：110001
发 行 者：	辽宁美术出版社
印 刷 者：	辽宁新华印务有限公司
开　　　本：	880mm×1230mm　1/32
印　　　张：	7
字　　　数：	200千字
出版时间：	2022年3月第1版
印刷时间：	2022年3月第1次印刷
责任编辑：	彭伟哲
责任校对：	郝　刚
书籍装帧：	彭伟哲　王艺潼
书　　　号：	ISBN 978-7-5314-8875-0
定　　　价：	68.00元

邮购部电话：024-83833008
E-mail:lnmscbs@163.com
http://www.lnmscbs.cn
图书如有印装质量问题请与出版部联系调换
出版部电话：024-23835227
版权所有 侵权必究